# Mecklenburgische Ostseeküste
## bis Fischland/Darß/Zingst

### Hotel- und Restaurantführer

KLATSCHMOHN

# Inhalt

## Entdecken und Erleben in den mecklenburgischen Ostseebädern bis zum Fischland/Darß/Zingst

Die Ostseeküste Mecklenburgs erstreckt sich von West nach Ost von der Lübecker Bucht bis zur Halbinsel Fischland/Darß/Zingst. Entlang einer Perlenschnur reihen sich die einzelnen Ostseebäder und Kurorte aneinander. Hier strahlt das Wechselspiel zwischen Geschichte, Tradition und Moderne einen ganz besonderen Reiz aus. Uralte Baumalleen, weite Felder, romantische Häfen und opulente Sonnenuntergänge – all das beeindruckte schon im Jahre 1793 Friedrich Franz I., Herzog von Mecklenburg-Schwerin. Inspiriert von seinem Leibarzt Professor Dr. Samuel Gottlieb Vogel ließ er in Heiligendamm das erste deutsche Seebad errichten und legte damit den Grundstein für den klassischen deutschen Seebadtourismus. Schon früh erkannte Professor Vogel die besonders heilsame Wirkung des Ostseewassers auf die Gesundheit. So nahm die Verbreitung des Badetourismus entlang der Nord- und Ostseeküste seinen Lauf.

Nur zehn Jahre später stellte Graf von Bothmer nahe dem Fischerdorf Boltenhagen für seine Gäste Badekarren auf, damit sie in der salzigen See genesen und die »Sommerfrische« genießen. Seit 1998 trägt dieser einst beschauliche Ort den Titel »Ostseeheilbad« als zweitältestes deutsches Seebad. Heute erholen sich in den Mecklenburgischen Ostseebädern entlang der Küste, vom Ostseeheilbad Boltenhagen bis zum Ostseeheilbad Graal-Müritz, jährlich 1,8 Millionen Gäste.

Picknick am Strand von Dierhagen

Strandpromenade im Ostseebad Boltenhagen

Mit 260 Kilometern Küstenlinie, fast 4000 Quadratkilometern Fläche, zwei Hansestädten, acht Ostseebädern, einer Insel, fünfzehn Marinas und einem zauberhaften Binnenland finden sie eine abwechslungsreiche Natur- und Kulturlandschaft. Mittelalter, die Handelsschifffahrt der Hanse und das Leben und Wirken der Herzöge haben hier ihre Spuren hinterlassen und eine moderne touristische Infrastruktur mit gut ausgebauten Rad- und Wanderwegen geschaffen.

Die adligen Baumeister, die einst ihre Sommerresidenzen an der Mecklenburgischen Ostseeküste errichteten, waren die Schöpfer der typischen Bäderarchitektur, die ein unverwechselbares Kennzeichen vieler Ostseebäder wurde. An vielen liebevoll restaurierten Gebäuden ist sie noch heute zu sehen. Mit mehr als 7,2 Millionen Übernachtungen jährlich zeigt sich, dass ein Urlaub an der Ostsee längst nicht mehr nur dem gehobenen Adel und Bürgertum vorbehalten ist, sondern es Gäste aus allen Regionen Deutschlands und der Welt hierher zieht. Das Angebot reicht vom kleinen Privatzimmer über die familiengeführte Pension bis zum 4-Sterne-Hotel. Neben den mondänen Ostseebädern gibt es die zahlreichen prächtigen Herrenhäuser, erhabene Bauten im Stil der Backsteingotik, zu entdecken. Der hanseatische Charme und das maritime Flair mit fantastischen Sonnenuntergängen und kilometerlangen Sandstränden verzaubern jeden anspruchsvollen Besucher.

## Das Ostseebad Boltenhagen und der Zauber der Steilküste

Das Ostseebad Boltenhagen mit seinem fünf Kilometer langen weißen Sandstrand, dem kristallklaren Wasser und der üppigen Natur gilt als das Paradies zwischen Lübeck und Wismar. Imposant zaubert die Steilküste ein Panorama der außergewöhnlichen Art. Sie ist nach den Kreidefelsen auf Rügen eine der höchsten Steilküsten weltweit. Bereits aus der Ferne ist die markante Linie des Küstenabschnitts deutlich zu erkennen. Sie ermöglicht einen faszinierenden Überblick über die Mecklenburger Bucht und gehört zu den beliebtesten Zielen der Urlauber. Der Ort hat 2800 Einwohner und alle haben ein Herz für die Gäste, denn hier ist der Tourismus Struktur bestimmend. 10000 Gästebetten stehen in Hotels, Pensionen, Appartements, Privatzimmern oder auf dem Campingplatz zur Verfügung. Alte Pensionen in typischer Bäderarchitektur geben Boltenhagen seinen ganz besonderen Charme. Das Angebot von Boltenhagen ist groß und reicht vom schönen Badestrand bis hin zur Erlebnisfischerei am neuen Hafen, der im Jahr 2008 errichtet wurde. Eines der Wahrzeichen Boltenhagens ist die 290 Meter lange Seebrücke, die im Jahre 1992 errichtet wurde. Bereits in der Vergangenheit schmückte eine lange Seebrücke diesen Ort, die sich 1911 als erste über eine Länge von 300 Metern erstreckte. Im Winter 1941/1942 musste sie sich der Kraft der Natur geschlagen geben und wurde durch Eisgang, Was-

Seebrücke in Boltenhagen

ser und Wind gänzlich zerstört. Einen Hauch von Moderne und Luxus vermittelt die »Weiße Wiek«. Sie wurde 2008 zum Saisonbeginn eröffnet und umfasst die mondäne Marina des Urlaubsortes. Der Hafen mit 350 Liegeplätzen wird während der Sommermonate von Wasserwanderern, Berufsfischern und zahlreichen Skippern genutzt. Das milde Reizklima in Boltenhagen ist Balsam für Körper, Geist und Seele zu allen Jahreszeiten. Für die Gesundheit sorgen u.a. zwei Reha-Kliniken, die Ostsee-Therme mit Meerwasserschwimmhalle, die Trinkkurhalle und Kurmitteleinrichtungen mit allen Leistungen der balneologischen und physikalischen Therapie.

## Wismar – Die UNESCO-Weltkulturerbe-Stadt

Seit 2002 gehört Wismar zusammen mit Stralsund zum Welterbe der UNESCO. Beide Städte repräsentieren idealtypisch entwickelte Stadtanlagen aus der Blütezeit der Hanse im 14. Jahrhundert. Als Mitglied im so genannten »Wendischen Quartier«, dem wirtschaftlichen und politischen Zentrum der Hanse, hatte auch Wismar maßgeblich Anteil am Austausch kultureller Errungenschaften, technischen Wissens und weltanschaulicher Ideen im gesamten Nord- und Ostseeraum.
Sie feierte 2006 ihr 777jähriges Stadtjubiläum und das Jahr 2012 steht im Zeichen des 10jährigen Welterbe-Jubiläums. Zu feiern gibt

Hafen von Wismar

es in Wismar vieles: Die Hansestadt Wismar hat ihre mittelalterliche Grundrissstruktur mit Straßennetz, Gefüge von Straßen- und Platzräumen, Quartieren und Parzellen bis heute nahezu unverändert bewahren können. Zum Sehen und Erleben gibt es neben den liebevoll restaurierten alten Bürgerhäusern die imposante Schiffbauhalle der Werft, einen der schönsten und größten Marktplätze mit Rathaus und Wasserkunst, und den Hafen mit zahlreichen Cafés, Restaurants und Hafenkneipen. An die Blütezeit der Hanse erinnern die Kirchen St. Marien, St. Nikolai und die Heilig-Geist-Kirche in prächtiger Backsteingotik.

## Insel Poel – Hafenflair und Ostseestrand

Ein verträumtes Fleckchen Erde, umrahmt von blau schimmerndem Wasser und einzigartigen Naturschauplätzen, befindet sich inmitten des Landschaftsdreieckes der Hansestädte Rostock, Wismar und Lübeck. Fast 40 Quadratkilometer grünes Land, umgeben von breiten Schilfgürteln und Salzwiesen, ragen hier stolz in die Ostsee hinein.

Ob als Tagesziel einer Schiffstour oder als Urlaubsziel ist die geschichtsträchtige Insel Poel eine Reise wert. Auf trockenem Wege ist das Ostseebad der Insel über einen Brückendamm erreichbar, der die »Breitling« genannte Meerenge überquert. Die Slawen haben die

Hafenflair auf der Insel Poel

Insel vor rund 1000 Jahren zuerst besiedelt und bezeichneten diese als »Flaches Land«. Dabei bietet die Insel in der Wismarbucht eine weitaus abwechslungsreichere Landschaft, von den flach abfallenden Stränden an Nord- und Westküste bis hin zur schroffen Steilküste. Ähnlich vielseitig wie Umgebung, Flora und Fauna ist auch die Geschichte des Eilandes. Dieses wurde wegen seiner strategisch vorteilhaften Lage vor der reichen Hansestadt Wismar über einige Jahrhunderte von diversen Kriegsherren, Fürsten- und Königshäusern besetzt. Heute leben in den 15 Örtchen knapp dreitausend Insulaner, die Hälfte von ihnen im Hauptort Kirchdorf. Die romanischgotische Inselkirche aus dem 13. Jahrhundert und die von alten Schlossmauern umgebene Freilichtbühne dienen ganzjährig als imposante Bühne für unterhaltsame Konzerte und Märkte.

Für Familien und Kinder eignen sich alle Strände der Insel. Denn diese fallen durchweg flach ab, erwärmen sich schnell und ermöglichen es auch den kleinen Wasserratten, weit in die Ostsee hinauszugehen. Der südlich gelegene Timmendorfer Strand wird durch ein ausgesprochen maritimes Flair geprägt. Zu Füßen der modernisierten Marina empfängt der traditionelle Leuchtturm aus dem Jahre 1871 Wassersportler, Fischer und Schiffsausflügler gleichermaßen.

Am Schwarzen Busch erwartet den Gast eine herrliche Aussicht auf leuchtende Fährschiffe ebenso wie eine Vielzahl attraktiver Sportmöglichkeiten zu Wasser und Land. Absolute Idylle erleben Besucher an den Naturstränden von Gollwitz und Hinter Wangern.

Die Natürlichkeit von Poel ist der eigentliche Inselschatz. Dazu zählen insbesondere die Salzwiesen mit einer einzigartigen Pflanzen- und Tierwelt. Vor fast 100 Jahren wurde die kleine, im Norden vorgelagerte Insel Langenwerder zum ersten Vogelschutzgebiet des Landes ernannt. Sie dient brütenden Seevögeln und durchziehenden Schwärmen wie den Kranichen als wichtiges Refugium.

Die Fischerei bestimmt seit jeher das Leben auf der Insel. Kulinarisch ist sie der Tipp für alle Liebhaber der herzhaft frischen Fischküche, denn für seine wohlschmeckenden Poeler Krabben ist die Insel weithin bekannt. Da deren kurze Saison im Frühsommer liegt, sind diese begehrten Delikatessen nicht auf allen Speisekarten zu finden.

## Der Klützer Winkel –
## Ein schönes Stück Mecklenburg-Vorpommern

Einer der fruchtbarsten Landstriche Mecklenburg-Vorpommerns erstreckt sich zwischen den alten Hansestädten Lübeck und Wismar entlang der mecklenburgischen Ostseeküste: Der Klützer Winkel. Unter den Einheimischen ist er daher auch als »Speckwinkel« bekannt. Urlaubern ist er als kulinarisches Hinterland noch ein Geheimtipp, doch hier gibt es weitaus mehr als nur Speck.

Der Klützer Winkel mit seiner natürlichen Schönheit und seinem Reichtum an Kultur, Geschichte und Natur ist ein Ziel für alle, die den hektischen Alltag vergessen möchten. Vom einstigen Reichtum künden noch heutige die Schlösser Bothmer, Kalkhorst, Lütgenhof und Groß Schwansee bei Dassow. Dazu erzählen kleine Dorfkirchen, die zum Teil noch aus der Frühgotik stammen und imposante Gutshäuser von der Blütezeit dieses Landstrichs, während die reetgedeckten Bauernkaten an seine bäuerliche Tradition erinnern.

Das Schloss Bothmer gehört zu den schönsten Schlosshotels mit exklusiver Küche, Tagungs- und Wellnesskomfort. Als zertifiziertes Biohotel setzt das Gutshaus Stellshagen neue Akzente und vertraut auf den Geschmack und die Frische all dessen, was auf den Feldern und Wiesen des Klützer Winkelns wächst und gedeiht.

Mühle Klützer Winkel

Schloss Bothmer in Klütz

Mindestens genauso sehenswert präsentiert sich die Natur im Klützer Winkel. Auf stillen Feldwegen, unter alten Bäumen und an den romantischen Ufern der Ostsee finden Sie Ruhe und Erholung. Die Krönung des Klützers Winkels ist jedoch seine unverbaute Ostseeküste. Herrlicher Naturstrand zieht sich entlang des Wassers, bewaldete Steilufer wechseln mit Flachzonen ab.

Klares Meerwasser, sauberer Sandstrand und frische Luft bieten stets beste Erholung. Sonnenbaden, Segeln, Windsurfen und Schwimmen erfreuen den Gast im Sommer, während Strandwanderungen und Hochseeangelfahrten immer Saison haben. Die Wohlenberger Wiek ist besonders kinderfreundlich. Das seichte Wasser ist immer ein bis zwei Grad wärmer als am Nachbarstrand und flach genug für Badenixen und Wassermänner.

Auch künstlerisch bietet die Region einiges auf hohem Niveau. Das Künstlerhaus Schloss Plüschow bei Grevesmühlen zum Beispiel zeigt wechselnde Ausstellungen von international bekannten Gegenwartskünstlern. Für einen akustischen Genuss der besonderen Art sorgen zahlreiche Konzerte auf Schloss Bothmer in Klütz. Im Ahnensaal und im Park erleben Gäste die Musik der großen Komponisten, gespielt von namhaften Musikern.

## Das Ostseebad Rerik – zwischen Haff und Meer

An der Perlenschnur der Ostseebäder ist Rerik – ehemals »Alt Gaarz« das nächste Glied. Es liegt an der Gabel zwischen Ostsee, Salzhaff und der Halbinsel Wustrow. Die Wahl des Namens »Rerik« gründete sich auf die seinerzeit vertretene Annahme, dass am Salzhaff der vorgeschichtliche Ort Reric (bereits im Jahre 808 urkundlich erwähnt) gelegen hätte. Diese Auffassung hat sich inzwischen als irreführend erwiesen. Über Jahrzehnte hat die vorgelagerte Halbinsel Wustrow die touristische Entwicklung der Kleinstadt gebremst. Als Flakartillerieschule der Wehrmacht und später bis 1993 als sowjetische Garnison war die Halbinsel Wustrow militärisches Sperrgebiet. Es ist daher keines der mondänen Ostseebäder, dagegen jedoch für jeden Naturliebhaber ein absolutes Ferienidyll zu jeder Jahreszeit. Kaum irgendwo sonst bieten die Küste und ihr Hinterland diese landschaftlichen Kontraste, eine reichhaltige Flora und Fauna, sanfte flache Strände und zerklüftete Steilküsten.

Das Ostseebad Rerik hat viele Gesichter! Egal ob man das morgendliche Treiben der Fischer am Fischereianleger beobachtet, die Stille im Reich der Natur genießt oder am Salzhaffufer auf ausgedehnte Wanderungen geht, der Ort hat seinen besonderen Reiz.

Hafen Rerik

Die klassischen Klänge der Orgel in der St. Johannis-Kirche sind außerdem einen Besuch wert.

Das Reriker Salzhaff liegt landschaftlich reizvoll in eine eiszeitliche Hügelkette eingelagert. Zusammen mit der Halbinsel Wustrow und einem etwa einen Kilometer breiten Festlandstreifen gehört es mit einer Größe von 2022 Hektar seit 1990 zum Landschaftsschutzgebiet »Küstenlandschaft Wismar-Bucht«. Umsäumt von Steilküsten und Salzwiesen erstreckt sich das Haff rund um die Halbinsel Boiensdorfer Werder bis hin zum Ostseebad Rerik. Es ist mit seiner naturbelassenen Küstenlandschaft ein inneres Seegewässer, das durch regelmäßige Überflutungen der Ostsee mit Salzwasser versorgt wird. Unmittelbar an den Überflutungsbereich schließen sich verschiedene Formen von Salzwiesen an, die in Abhängigkeit vom Salzgehalt unterschiedlich gestaltet sind. Hier findet sich eine wahrhaft üppige Flora und Fauna: Strandflieder, Andelgras, Strandbeifuß, Salzbinsen und Salzstraußgras, aber auch seltenes Löffelkraut und Erdbeerklee. Die Salzwiesen bieten Brut-, Rast- und Überwinterungsplatz für zahlreiche Wasser- und Watvögel wie Seeschwalben, Säger, Enten, Kampfläufer, Rotschenkel und Kiebitz. Außerdem ist das Salzhaff mit seinem flachen und ruhigen Wasser eines der beliebtesten Surf- und Segelgebiete an der Ostsee.

Wassersport an der Ostsee

## Kühlungsborn, das größte Seebad Mecklenburgs

Schon um die Wende zum 20. Jahrhundert herrschte in den Orten Brunshaupten, Arendsee und Gut Fulgen ein reger Fremdverkehr. So wuchsen die Orte immer mehr zusammen, denn es mehrten sich neue Villen und Pensionen. Hotel reihte sich an Hotel, im Stil der Bäderarchitektur. Die Grenzen der einstigen Fischerdörfer schwanden, so dass sie 1938 zusammengelegt wurden. Unter dem neuen Namen »Ostseebad Kühlungsborn« erhielten sie das Stadtrecht. Kühlungsborn zieht sich über mehrere Kilometer am Strand entlang und liegt direkt an der offenen Ostsee. Zusätzlich ist es umgeben von dem Landschaftsschutzgebiet der Kühlung, einer während der letzten Eiszeit entstandenen einzigartigen Wald- und Hügellandschaft. Die drei Kilometer lange Promenade hinter dem 30 Meter breiten Strand und einem Waldstreifen gehört mit Sicherheit zu den Sehenswürdigkeiten Kühlungsborns. Unverwechselbar ist die Kühlungsborner Bäderarchitektur der um die Jahrhundertwende gebauten Hotels, zudem die typischen Ferienhäuser, Pensionen und öffentlichen Gebäude. Das Zentrum Kühlungsborns bildet der etwa 130 Hektar große Stadtwald mit gut ausgebautem Wegenetz zum Wandern, Radfahren und Spazieren. Er teilt die Ortsteile Ost, Mitte und West voneinander. Die 240 Meter lange Seebrücke wurde 1991 fertig gestellt und gehört zu den beliebtesten Stationen eines ausgiebigen Spaziergangs in Kühlungsborns.

Luftaufnahme von Kühlungsborn

## Heiligendamm – die »Weiße Stadt am Meer«

Die Entwicklung der Mecklenburgischen Ostseeküste zu einer der populärsten Urlaubsregionen in Deutschlands Norden begann im Urlaubsort Heiligendamm. Nach englischem Vorbild gründete Großherzog Friedrich Franz I. von Mecklenburg-Schwerin das heute bekannte Ostseebad. Zunächst ließ er im Jahr 1793 ein mondänes Kurhaus errichten. Nur kurze Zeit später folgten repräsentative Logier- und Gesellschaftshäuser. Schnell erlangte Heiligendamm den Beinahmen »Weiße Stadt am Meer«. Die Ereignisse der Geschichte prägen bis heute das Heiligendammer Ortsbild und finden sich als Reminiszenzen an Gebäuden wieder. Heiligendamm erstrahlt daher ganz im Glanz des klassizistischen Ortskerns, welcher zu den sehenswertesten Abschnitten des Ortes gehört.

Heiligendamm mit Strand

Das Wahrzeichen Heiligendamms ist die 200 Meter lange Seebrücke. Die traditionsreiche Bäderbahn Molli prägt in den Sommermonaten das Ortsbild von Heiligendamm. Sie ist eine Schmalspurbahn, die über den 1886 erbauten Streckenabschnitt von Kühlungsborn nach Bad Doberan führt.

Die Evangelische Waldkirche und die Katholische Herz-Jesu-Kapelle gehören zu den Meisterwerken der Architektur in Heiligendamm. Als markante Backsteinbauten greifen sie die typischen Linien der norddeutschen Baukunst auf. Die Evangelische Waldkirche wurde 1904 erbaut und ist dank ihres Turmes bereits aus der Ferne zu sehen. Die

Die Schmalspurbahn »Molli« vor dem Prinzenpalais in Bad Doberan

über zwanzig Jahre ältere Kirche ist die katholische Waldkapelle aus dem Jahr 1888. Beide Kirchen sind noch heute in ihrem historischen Urzustand. Ein Gedenkstein erinnert in Heiligendamm an den Groß-herzöglichen Badeintendanten Kammerherr von Suckow, der als Initiator der Kapelle in die Ortsgeschichte einging. Wichtigster Zeit-zeuge der DDR im Ostseebad ist die FAK (Fachhochschule für ange-wandte Kunst) Heiligendamm. Bis 2000 absolvierten hier rund 1500 Studenten ihr Studium für Innenarchitektur und Design.

Weithin international berühmt wurde Heiligendamm erstmals im Juli 2006 zum Besuch des US-amerikanischen Präsidenten George W. Bush. Er verbrachte nach seiner Stippvisite in Stralsund eine Nacht in Heiligendamm während des G8-Gipfels, der vom 6. bis 8. Juni 2007 stattfand.


## Das Seebad Nienhagen

Im Gegensatz zum belebten Kühlungsborn und luxuriösen Heiligen-damm ist das benachbarte Nienhagen ein beschauliches, ruhiges Örtchen. Seit dem Mittelalter kennt man den Flecken, der sich seine herrlichen Naturschönheiten über die Jahrhunderte bewahren konnte. Bereits 1264 wurde der idyllische Ort als »Nigenhagen« erst-mals schriftlich erwähnt. Im Jahre 1929 erhielt Nienhagen durch das Mecklenburg-Schwerinsche Ministerium des Innern die »Konzession zur Ausübung des Seebadbetriebes«. 1936 wurde Nienhagen die Bezeichnung »Ostseebad« verliehen.

Bei ausgedehnten Spaziergängen durch den legendären 180 Hektar großen Gespensterwald trifft man auf bizarr geformte, märchenhaft anmutende Bäume. Er begrenzt Nienhagen auf einer Ortsseite und liegt direkt an der Ostsee. Die Herkunft des Namens »Gespensterwald« ist unbekannt. Offizieller Name des Waldes ist: »Nienhäger Holz«. Doch die Fantasie wird angeregt durch den unmittelbaren Kontakt zur urwüchsigen Natur und den faszinierenden Formen in Fauna und Flora. Deshalb wird Nienhagen auch so gern von Autoren besucht.

Der Gespensterwald in Nienhagen

## Die Hansestadt Rostock und das Seebad Warnemünde

Mit ihrem einmaligen Blick aufs Meer, den großen Fährschiffen und Kreuzlinern am Horizont, den Seglern und großen Booten im Stadthafen ist Rostock DIE Metropole an der Ostsee. Das Seebad Warnemünde lockt die Besucher mit seinem weithin sichtbaren 30 Meter hohen Leuchtturm.1897 als Seezeichen erbaut, hilft er nicht nur Schiffen auf ihrem Weg in den sicheren Hafen, sondern ist auch, dank engagierter Hobby-Leuchtturmwärter, zur Attraktion des Ostseebades geworden. Zu seinen Füßen erinnert eine Gedenktafel an die Funktion der alten Lotsenstation in der großen Sturmflut von

1872. In Rostocks »schöner Tochter« Warnemünde reihen sich urige Fischerkneipen, Bars, exklusive Cafés, feine Restaurants zu einer Schlemmermeile aneinander. Der Alte Strom eignet sich zum genüsslichen Flanieren bis zum Leuchtturm. Auf einem Terrassenplatz können Besucher das pulsierende Leben am Strom und den regen Schiffsverkehr auf der Warnow erleben. Das Seebad eignet sich für einen Besuch durch alle Jahreszeiten, denn nahezu in allen zwölf Monaten – ob Stromerwachen zum Saisonauftakt, die Warnemünder Woche, Hanse Sail als Sommerhighlight im Juli, die Dorschtage im Herbst oder »Leuchtturm in Flammen« zum Jahreswechsel – es tummeln sich zahlreiche Gäste in Warnemünde.

## Entlang der Bäderstraße zum Darß

In wenigen Minuten gelangt man mit der Fähre von Warnemünde an das andere Ufer der Warnow zur Hohen Düne. Opulent und beeindruckend erhebt sich hier die Yachthafenresidenz Hohe Düne, ein 5-Sterne Hotelkomplex mit 750 Bootsliegeplätzen. Jenseits der Warnow erstreckt sich das große Waldgebiet der Rostocker Heide bis zum Darß. Die Heide ist eine einzigartige Landschaft, weil kein anderes so großes Waldstück direkt an das Meer grenzt. Hier finden sich Jahrhunderte alte Bäume, eine reichhaltige Flora und Fauna und ein spezieller Klima-Mix aus Meeres- und Waldluft. Diese einzigartige Natur konnte sich bilden, weil große Teile der Rostocker Heide jahrzehntelang Sperrgebiet und einem Großteil der Menschen unzugänglich waren. Bei Wanderungen oder Radtouren auf Forst- und Radwegen findet jung und alt hier Erholung und Entspannung, abseits der touristischen Zentren.

Über den Ort Markgrafenheide und das Ostseeheilbad Graal-Müritz führt die Bäderstraße auf die Halbinsel Fischland/Darß/Zingst. Zwischen den alten Hansestädten Stralsund und Rostock erstreckt sich die bekannte Halbinsel und trennt die Darß-Zingster Boddenkette vom offenen Gewässer der Ostsee. Kleine verschlafene Orte und feine Sandstrände zieren das Bild von Fischland/Darß/Zingst und vermitteln ein besonderes maritimes Flair. Der nördlichste Punkt der Halbinsel ist der Darßer Ort mit dem Darßer Leuchtturm, der sich markant von der sanften Hügellandschaft abhebt. Einst waren Fischland, Zingst und Darß drei eigenständige Inseln, doch durch die Schließung von Flutrinnen, angelegt von Menschenhand in der Zeit zwischen dem 14. und 19. Jahrhundert, entstand eine dauerhafte Verbindung zum Festland.

Kaum irgendwo gibt es eine wechselvollere Landschaft als auf Deutschlands größter Halbinsel. Lange weiße Sandstrände, hohe zerklüftete Steilküsten, die schmale Landzunge des Fischlandes, der Darßer Urwald oder die unberührte Natur auf dem Zingst – hier hat Mutter Natur besonders viel Liebe verteilt.

Leuchtturm am Darßer Ort

## Der Nationalpark Vorpommersche Boddenlandschaft

Der Landstrich rund um den Nationalpark Vorpommersche Boddenlandschaft ist ein Paradies für Naturliebhaber und Genuss pur, frei von Hast und Eile des Alltags. Er erstreckt sich von der Halbinsel Fischland/Darß/Zingst über die Insel Hiddensee bis nach Westrügen. Mit einer Landfläche von 118 Quadratkilometern und einer Wasserfläche von 687 Quadratkilometern ist er der größte Nationalpark an der deutschen Ostseeküste. Nahezu künstlerisch kombiniert er die fast unberührte, natürliche Landschaft zwischen Ostsee und Boddenkette mit einer einzigartigen Tier- und Pflanzenwelt. Das Landschaftsbild ist Ergebnis einer natürlichen Küstenentwicklung und menschlicher Tätigkeit. Unterstützt vom Wind haben die Abtragungs- und Anlandungsprozesse des Meeres Steilküsten, Nehrungen, Strandseen, Dünen und Windwatts geschaffen. Der Mensch gab sein Zutun durch das Anlegen von Äckern und Wiesen sowie das Ansiedeln von Weidevieh. Die menschliche Bewirtschaftung schuf Heiden auf Hiddensee und Salzwiesen an den Boddenufern. Im Verlauf von Jahrhunderten sind ausgedehnte Wälder auf dem Darß und Zingst entstanden.

Von Natur und Mensch geprägt: Der Strand von Zingst

### Fischland/Darß/Zingst – ein Mekka für Fahrradtouristen und Naturfreunde

Die Nähe zur Natur und der Erholungsfaktor sind für die Seebäder und Kurorte auf Fischland/Darß/Zingst mehr als nur ein exklusives Versprechen. Von Südwest nach Nordost wird das maritime Flair gelebt, und so laden die Bewohner der Ostseebäder Dierhagen, Wustrow, Ahrenshoop, Born, Wieck, Prerow und Zingst ein, gemeinsam mit ihnen die Halbinsel zu entdecken. Nicht nur Radler und Wanderer kommen hier auf ihre Kosten, auch für Boot- und Segelfreunde werden Ostsee- und Boddenküste zum unvergesslichen Erlebnis.

## Eine traditionsreiche Seefahrtsgeschichte

Das Ostseebad Wustrow beheimatete bis Anfang der 90er Jahre eine der bedeutendsten deutschen Seefahrtsschulen. Es ist nicht alles Seemannsgarn, wenn sich die Leute erzählen, dass im 19. Jahrhundert die besten Seeleute der Welt vom Darß kamen. Unerschrocken und mutig segelten sie mit ihren Briggs und Barken auf der offenen See. Die Prerower Seemannskirche informiert interessierte Besucher und die historischen Grabsteine der Kapitänsgräber rings um die Seemannskirche zeugen von den einst ruhmreichen Zeiten. Auch das Darßmuseum in Prerow zeigt in seinen Ausstellungsräumen Sammlungen zur Segelschifffahrt. Beim Spaziergang durch die einstigen Fischerorte fallen hübsche Kapitänshäuser mit prächtig verzierten, bunten Türen ins Auge. Ebenso erinnern maritime Utensilien in Haus und Hof an eine traditionsreiche Seefahrtsgeschichte.

Kirche in Wustrow

Vom einst regen Segelschiffbetrieb in den Häfen Dierhagen, Wustrow, Zingst und Barth zeugen noch heute dutzende Zeesboote. Die heutigen Sport- und Freizeitboote sind die historischen Fischereifahrzeuge unserer Boddengewässer. Ein Zeesboot ist ein robustes Schiff mit markanten braunen Segeln, das es seit 1920 zum Teil mit Antriebsmotor gibt. Es hat eine Länge von sieben bis dreizehn Metern und eine Breite von drei bis vier Metern. Der Schiffskörper ist aus Eichenholz und hat zwei gleich große Masten – ein Gaffel- und ein Toppsegel, einen Großmast und ein oder zwei Vorsegel. Den Namen »Zeesboot« erhielten die Segelboote durch das 25 Meter lange Schleppnetz, welches über den Grund gezogen wurde, während das Boot quer vom Wind getrieben wurde. Dieses Schleppnetz wurde Zeese genannt. Die Methoden des Fischens und die Leistungen selbst waren stark abhängig vom Können der Besatzung, die meistens aus Familienmitgliedern bestand. Dieses dörfliche Können reichte jedoch meistens für den Lebensunterhalt nicht aus, so dass die Landwirtschaft dennoch unabdingbar war. So prägte sich der Begriff »Bauernfischer«. 1984 wurde diese Art der Fischerei eingestellt, denn es gab nur noch ein Zeesboot auf dem Bodden. Alljährlich erinnern an verschiedenen Häfen Zeesbootregatten, wie zum Beispiel in Wustrow, Dierhagen und Bodstedt an diese Fischfangtradition.

Zeesboote im Hafen in Dierhagen

## Eine Region mit gesunder, naturbelassener Küche

Frische und Regionalität wird an der Mecklenburgischen Ostseeküste und Fischland/Darß/Zingst groß geschrieben. Besonderen Wert wird auf die Verwendung und Verarbeitung regionaler Produkte gelegt, die frisch und unverfälscht auf den Tisch kommen.
Jedes Jahr findet in den Sommermonaten die traditionelle Gastromeile im Ostseebad Zingst statt. Zahlreiche Gastronomen aus der

gesamten Region bieten den Gästen und Einheimischen die besonderen Spezialitäten ihrer Küchen. Mit Musik, Tanz und besonders vielen Unterhaltungsprogrammen verwandelt sich die gesamte Strandpromenade zur Veranstaltung.

Herd am Strand zu den kulinarischen Wochen in Zingst

Bis auf Wein bietet das Land nahezu alles, um aus eigenem Anbau und eigener Produktion jeden anspruchsvollen Gaumen zu erfreuen. Die Region mit ausgedehnten Küsten- und Boddengewässern ist reich an Salz- und Süßwasserfischen. Hering, Dorsch, Flunder, Hecht und Zander werden früh am Morgen gefangen und landen stets frisch auf dem Tisch. Natürlich ist der Fisch hier von keiner Speisekarte wegzudenken.

Auch Wild wird in verschiedenen Variationen angeboten, von traditionell und deftig bis extravagant und fein. Der Darßer Wald ist ein sehr reiches Wildreservoir und jenseits des Waldes weiden das ganze Jahr über Highland-Rinder auf weiten Salzgraswiesen. Diese werden in Mutter-Kuh-Haltung gezüchtet, unter ökologischen Bedingungen. Ihr hochwertiges Fleisch wird von vielen Gourmetküchen hoch geschätzt. Natürlich darf der Sanddorn als Naturprodukt auch in keiner regionalen Küche fehlen. Mit ihren orangefarbenen Beeren fallen die dornigen Sträucher überall an der Küste sofort ins Auge und die »Kleinen« sind wahre Vitaminbomben. Für eine gesunde Ernährung sind sie in der Region nicht wegzudenken und inspirieren Küchenmeister und Köche zu fantasievollen Menüs, Kuchen und Eiskreationen.

## Förderung des Köchenachwuchses

Für eine gleichbleibend hochklassige und kreative Küche sind nicht nur die Naturprodukte selbst ausschlaggebend, sondern auch talentierte Nachwuchskräfte in Küche und Service. Dem widmet sich der Verein der Köche Fischland-Darß e.V. Ganz wie in Wismar fördert der Verein die Nachwuchsarbeit, u.a. mit Aktionen wie den »Küstenfisch-Pokal«, einem Wettbewerb, bei dem die Jungköche ihr Können beweisen müssen. Der Verein hat heute bereits 95 Mitglieder und trifft sich jährlich zum traditionellen Köcheball und Köchestammtisch. Traditionell wird auch am jährlichen REWE-Pokalwettbewerb, bei dem die Zubereitung kalter Platten bewertet wird, teilgenommen.

Köche auf dem Leuchtturm Darßer Ort

## Kulinarische Höhepunkte von der Ostseeküste bis Fischland/Darß/Zingst

In den Genuss der breiten Palette regionaler Köstlichkeiten kommen Besucher zu allen Jahreszeiten. Traditionell gibt es viele kulinarische Aktionen rund um den Fisch, doch auch heimisches Wild, Kohl und Kartoffeln finden Erwähnung. Wichtig ist Frische, Regionalität und die Freude am Essen. Im Frühjahr laden beispielsweise die Wismarer Heringstage und der Warnemünder Fischmarkt Fischliebhaber zum Schlemmen ein. Den goldenen Herbst läuten dann im September die Rostocker Dorschtage ein.

## Heringstage Wismar – Mehr als nur Fisch!

Bereits seit 2002 veranstaltet der Hanseatische Köcheclub Wismarbucht im März die Wismarer Heringstage. Der Hering wird dabei in vielen Variationen präsentiert: frisch gebraten, geräuchert, eingelegt, gegrillt oder im Bierteig. Till Backhaus, der Landwirtschaftsminister Mecklenburg-Vorpommerns, erinnerte zur Eröffnung der ersten Wismarer Heringstage: »Kein anderer Fisch hat je in der Geschichte unseres Landes und der Hansestädte eine so große wirtschaftliche Bedeutung gehabt wie der Hering«.

Dieser Fisch war schon im 11. Jahrhundert wirtschaftlich bedeutend für die Hansestadt. Damals zogen die Wismarer Fischer in Scharen an die schwedische Südwestküste, um dem Hering nachzustellen. Gut mit Salz konserviert, wurde der Wismarer Hering als begehrte Ware nach ganz Europa exportiert.
Die Heringstage werden von einem Event am Eröffnungstag mit dem »Heringskarren« – das Abholen des Heringsfangs vom Alten Hafen mit Umzug zum Marktplatz – und einem großen Heringsbraten sowie einem Event am Abschlusstag, einem Fischmarkt am Wismarer Alten Hafen, umrahmt. In den Tagen dazwischen werden in den beteiligten Gaststätten viele Spezialitäten rund um den Hering serviert. Der Beginn der Heringstage zieht sich von Anfang bis Mitte März, je nach Wetter und Entwicklung der Heringsschwärme.

## Rostocker Dorschwochen

Bereits zum achten Mal jähren sich 2012 die Dorschtage in Rostock und Warnemünde, die sich als eine kulinarische Herbst-Tradition in Rostock etabliert haben. Ursprünglich als saisonverlängernde Maßnahme in Hotels und Gaststätten ersonnen, die ihren Gästen einen Aufenthalt in der Hansestadt auch in der Nachsaison schmackhaft machen wollten, ist dies heute weit mehr als nur eine clevere Marketingidee. Neben interessanten Veranstaltungen, Angeltouren mit einheimischen Fischern und einem buntem Rahmenprogramm wird vor allem fangfrischer Dorsch in den Restaurants und Gaststätten in Rostock und Umgebung serviert.

Dorschkönig 2006 Mario Tonn

Dieser ehemalige »Konsumfisch« ist in unzähligen Variationen ein wahrer Genuss. Während der Dorschtage wetteifern die Küchenchefs zahlreicher Restaurants und Gaststätten mit den leckersten Dorschgerichten um die Gunst ihrer Gäste. Dazu wird als regionale Spezialität ein frisch vom Fass gezapftes »Dorschbier«, ein obergäriges Vierkornbier gereicht. Der Dorsch ist aus der regionalen Küche nicht wegzudenken. Ein kleines Dorschkochbuch (»Da lacht der Dorsch«, erschienen im KLATSCHMOHN Verlag) bietet jedem Hobbykoch Gelegenheit, das eigene Lieblingsrezept zu Hause selbst auszuprobieren.

## Ein kulinarischer »Marathon« im Herbst

Jährlich im Oktober/November nehmen zahlreiche Hotels, Pensionen und Restaurants der Halbinsel Fischland/Darß/Zingst vier Wochen lang an einem ganz besonderen kulinarischen Festival teil, den Kulinarischen Wochen. In stimmungsvollem Ambiente mit eleganten Dekorationen und dezenter Musik können Feinschmecker Allerfeinstes aus Topf und Pfanne genießen.

Während der Kulinarischen Wochen zaubern die besten Köche der Halbinsel besondere kreative Menüs, die geradezu auf der Zunge zergehen. Natürlich steht Fisch ganz oben auf der Speisekarte, aber auch Rinder von den Salzgraswiesen der Halbinsel und Wild aus dem Darßwald werden zu kulinarischen Gaumenfreuden verarbeitet. Nur das Beste aus dem Meer, von Wald und Weide kommt hier auf den Tisch.

Das Fischland, der Darß und der Zingst werden dabei als einzelne Teilgebiete der Halbinsel mit separaten Höhepunkten aufwarten und laden zu allerlei vielversprechenden Veranstaltungen ein. So sind die Kulinarischen Wochen vom 15. Oktober bis 15. November 2012 auf Fischland/Darß/Zingst das Herbst-Highlight für alle Feinschmecker

Geräucherter Dorsch mit Salat

## Kühlungsborner Gourmettage

Erstmals im November 2002 rückte die Küche des Ostseebades Kühlungsborn ins Blickfeld der Feinschmecker. Jährlich Ende November
während der Kühlungsborner Gourmettage schließen sich die Küchenchefs der Hotels in Kühlungsborn und Umgebung zusammen,
um Genießern eine Woche voller Gaumenfreuden und Kultur zu bieten. Voller kulinarische und künstlerische Vielfalt erwartet die Gäste,
die sich auf spannende Themenabende freuen können. Jeder Abend
verspricht neben exzellenten Speisen ein kulturelles Rahmenprogramm von sinnlich bis musikalisch.
Mehrere Hotels, u.a. das Hotel Aquamarin, Residenz Waldkrone, das
Neptun Hotel und der »Herzogliche Wartesaal«, haben sich dem Er-
folg dieses kulinarischen Events seit Jahren verpflichtet. Als eine wei-
tere Schöpfung der Gourmettage gilt das »Hoppermenü«. Dieses
macht es möglich, an einem Abend ein komplettes Menü in drei verschiedenen Häusern zu genießen. Dabei werden Sie zwischen den
Gängen von einem Restaurant ins nächste chauffiert. Die Kühlungsborner Gourmettage finden 2012 vom 9. bis 17. November statt.

## »Kultur trifft Genuss« in Rostock-Warnemünde

»Das Theater kommt zu Gast« – Unter diesem Motto wurde im November 2011 erstmals »Kultur trifft Genuss« ins Leben gerufen. Wenn
es draußen kalt und dunkel wird, wird drinnen wärmstens aufge-
tischt! Das Ensemble des Volkstheaters Rostock gastiert in Rostocks
Seebad Warnemünder Restaurants. Ob Gesang, Schauspiel oder In-
strumentalstück – die Künstler präsentieren Theaterkunst hautnah
im kulinarischen Ambiente.

Die Gäste können an diesem Abend ein Menü oder einfach nur gemütlich einen Wein oder Cocktail genießen. Dazu wählen sie ein
Restaurant nach ihrem Geschmack mit dem jeweiligen gastronomischen Angebot. Viele kleine Künstlergruppen zeigen im halb-
stündigen Wechsel kurze Darbietungen direkt im Restaurant. 2012
findet »Kultur trifft Genuss« am 17. November statt.

# Der Große Gourmetpreis Mecklenburg-Vorpommern

Der Große Gourmet Preis ist eine Veranstaltung im gehobenen gastronomischen Bereich, die bereits in mehreren Bundesländern einmal im Jahr durchgeführt wird. Er ist ein Fest für Gaumen, Auge und Ohr und von großer gesellschaftlicher Bedeutung. An einem Galaabend mit Showprogramm wird vor mehr als 200 Gästen dem besten Koch des Landes der Große Gourmetpreis überreicht, und die besten sechs Köche werden mit Urkunden geehrt. Übrigens kochen diese sechs an diesem Abend das Menü – jeder Koch zeichnet für einen Gang verantwortlich. Die Bewertung hat allerdings schon lange vor diesem Abend stattgefunden. Auf Basis der Restaurant-Ranglisten – einem in Fachkreisen anerkannten Ranking (unter Verwendung von führenden Gastronomieführern wie Guide Michelin, Gault Millau, Gusto Deutschland, Aral Schlemmeratlas, Varta-Führer und Der Feinschmecker) – werden am Ende eines jeden Jahres die besten Köche erwählt. Umrahmt wird die Veranstaltung von einem ausgewählten Showprogramm von Klassik bis Pop.

Ein Urlaub in Mecklenburg-Vorpommern ist mehr als nur ein »Trip« an die Ostsee. Es ist eine kulturelle und kulinarische Reise für alle Sinne. Dieser Reiseführer konnte nur einiges Sehens-, Wissens- und Genießenswertes von Nordwestmecklenburg bis Fischland/Darß/ Zingst antippen. Daher der Tipp für Ihren Urlaub an der mecklenburgischen Ostseeküste: Überzeugen Sie sich selbst und lassen Sie sich überraschen. Hier sieht, hört und schmeckt man den Unterschied!

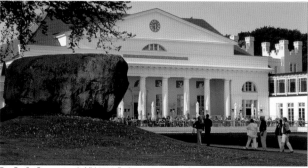

Der Große Gourmetpreis MV 2012 findet am 2. Juni im Grand Hotel Heiligendamm statt.

Mecklenburg
Vorpommern
*MV tut gut.*

# DEHOGA
*das mobile*
# KOCHSTUDIO
M E C K L E N B U R G - V O R P O M M E R N

**DEHOGA**
MECKLENBURG-VORPOMMERN

Deutscher Hotel- und Gaststättenverband/Landesverband
Mecklenburg-Vorpommern e.V.

Telefon: 0385 - 592 55 14 u. 0385 - 592 55 15   Fax: 0385 - 592 55 20
E-Mail: kochstudio@dehoga-mv.de

**www.dehoga-mv.de**

# *7 gute Gründe für eine Mitgliedschaft im DEHOGA e.V.*

Der Verband bietet Ihnen:

### 1. Kompetente Beratung
- in allen unternehmensbezogenen Rechtsfragen durch unsere Partner-Anwälte, kostenlose Erstberatung
- bei der Unternehmensführung durch Partner und Fördermitglieder des Verbandes (betriebswirtschaftlich, Steuern, Marketing, Personalplanung, Finanzierung, Konzeptionierung)
- Berufsausbildung, Qualifizierung und Weiterbildung sowie Nachwuchsgewinnung

### 2. Geldwerte Vorteile wie
- Rabatte bei Beratungen zur Existenzgründung und Existenzsicherung
- Sondertarife und Einkaufsvorteile bei der Telekom und anderen Anbietern
- Preisrabatte bei Energieversorgungsunternehmen
- 20 % Rabatt bei den GEMA-Gebühren und anderen Verwertungsgesellschaften
- 40 % Preisnachlass bei der bundesweit einheitlichen Hotelklassifizierung
- 55 % Preisnachlass bei fachgutachterlichen Stellungnahmen für Kreditinstitute
- Sonderkonditionen beim Erwerb des »DEHOGA-Deutscher Wirtebrief«
- provisionsfreie Teilnahme am landesweiten Internet-Informations- und Buchungssystem der Fa. MANET Marketing GmbH

### 3. Einflussnahme durch Mitarbeit
- in Arbeitsgruppen des Landtages und der Landesministerien,
- in Beiräten und Kommissionen der Städte, Gemeinden, regionalen Planungsverbänden und regionalen Marketinginitiativen
- in Fachgruppen und Ausschüssen des DEHOGA Bundesverbandes,
- im Vorstand und dem Marketingausschuss des Tourismusverbandes,
- in der Vereinigung der Unternehmerverbände, dem Spitzenverband der Arbeitgeber in M-V,
- in Ausschüssen der Industrie- und Handelskammern,

### 4. Innovative Weiterbildung und Qualifizierung
- durch Vermittlung von unternehmens- und marktorientierten Bildungsangeboten,
- durch Förderung des Berufsnachwuchses (Jugendmeisterschaften der gastgewerblichen Berufe)
- durch bevorzugte Teilnahme an der »Qualitätsoffensive des Gastgewerbes in M-V«

### 5. Qualifiziertes Verbandsmarketing für ein starkes Branchenimage durch
- eine wirksame Presse- u. Öffentlichkeitsarbeit des Landesverbandes und der Regionalverbände,
- Organisation landesweiter Marketingaktionen für die Branche,
- Unterstützung von Aktionen der Regionalverbände,
- die bundesweit einheitliche Hotelklassifizierung,
- werbewirksamen Einsatz des DEHOGA Kochstudios und von Infoständen bei Veranstaltungen

### 6. Moderne Verbandskommunikation für Ihren Wettbewerbsvorteil durch
- aktuellen Informationsaustausch bei Wirtestammtischen
- aktive Fachgruppenarbeit (Hotel, Gaststätten, Marketing) für einen unternehmenswirksamen Informationsaustausch,
- eine attraktive und informative Verbandszeitschrift (»LOKAL-anzeiger« monatlich),
- jährliche Branchentage und Regionalkonferenzen,
- Informationsaustausch mit Fördermitgliedern,

### 7. Kooperationen für mehr Zukunft und Unternehmensstabilität durch
- attraktive Leistungs- und Kooperationsangebote der Fördermitglieder des Verbandes und der anderen Partner,
- Entwicklung und Förderung von Netzwerken touristischer Leistungsträger,
- Zusammenarbeit mit den gastgewerblichen Fachverbänden

Informationen sind lebenswichtig für das Unternehmen. Meist sind sie teuer.
Unsere Verbandsmitglieder erhalten sie von uns als Serviceleistung!

Im Klützer Winkel lächelt die Seele, denn die Region Nordwestmecklenburg wurde von der Natur reich beschenkt. Zwischen den
Hansestädten Wismar, Lübeck und der Landeshauptstadt Schwerin
gelegen empfängt die Region ihre Gäste mit kilometerlangen feinsandigen Ostseestränden, Steilufern, Hügellandschaften, stillen
Seen und weitläufigen Wald- und Wiesenlandschaften. Von hier
aus führen die Wege in historische Städte mit hanseatischem
Charme, verträumte Fischerdörfer, zu Klöstern, Kirchen, Mühlen und
Schlössern. Die Backsteingotik prägt das Land und winkt von Weitem mit prächtigen Bauten – der Stolz der Region. Den wirtschaftlichen und technischen Fortschritt brachten die erste Eisenbahnlinie
und die Malzfabrik Grevesmühlen in die Region. Ab dem 19. Jahrhundert wurde es unter den Städtern mehr und mehr beliebt, die
urwüchsige Natur zu erkunden. Das Salzhaff und seine Umgebung
beherbergt daher zahlreiche Künstler, Kunsthandwerker und Individualisten. Alljährlich lassen sich diese zu Pfingsten bei der Veranstaltung KUNST:OFFEN über die Schulter schauen. Sehenswerte
Ausflugsziele gibt es in der gesamten Region: Dassow bietet in den
Ortsteilen Pötenitz, Barendorf und Rosenhagen einen sechs Kilometer langen Ostseestrand und wird durch artengerechte Naturschutz-
gebiete geprägt. Die Wohlenberger Wieck ist ein Wasser-Paradies für
Familien mit Kindern und Liebhabern der mecklenburgischen Ur-
sprünglichkeit. Das malerische Städtchen Klütz, im Zentrum des
Klützer Winkels, beherbergt das Schloss Bothmer, das Literaturhaus
»Uwe Johnson« und einen Schmetterlingspark.

Allee zum Schloss Bothmer

Das Literaturhaus »Uwe Johnson«

## Kulturelle Höhepunkte 2012 im Klützer Winkel

| | |
|---|---|
| Täglich | Dauerausstellung zu Uwe Johnson im Literaturhaus »Uwe Johnson« |
| 18.5. | Musik und Schauspiel mit Trio Limusin, Kirche zur Paulshöhe Boltenhagen |
| 31.5. | Konzert mit dem Holzbläserquintett »Sinfonietta Piccola«, Kirche zur Paulshöhe Boltenhagen |
| 20.6. | Konzert für Saxophon & Orgel mit »Duo Zia«, Kirche zur Paulshöhe Boltenhagen |
| 23./24.6. | Offene Gärten, Staudengärtnerei Klütz |
| 9.7.-23.8. | Klezmer-Konzert mit Harry's Freilach, Kirche zur Paulshöhe Boltenhagen |
| 30.11.-2.12. | Lebensart Weihnachtswelt, Gut Brook |
| 8./9.12. | Weihnachtsmarkt rund um die Kirche, Klütz |

Herrlich – Urlaub am weißen Sandstrand von Boltenhagen

## Ostseebad Boltenhagen –
## wer hierher kommt, schickt die Seele in den Urlaub.

Ein kleines Paradies liegt zwischen den Hansestädten Lübeck und Wismar – fünf Kilometer weißer Sandstrand, kristallklares Wasser und üppige Natur. Sonne, Strand und ganz viel Meer hat das Ostseebad Boltenhagen zu bieten. Planschen und Schwimmen, Sandburgen bauen, spielen, toben, faulenzen. Ein durch und durch erholsames Erlebnis ist so ein Tag am Strand. Herrlich ist der Spaziergang im Sand, die Wanderung entlang der Küste und natürlich die verdiente Siesta im Strandkorb. Das milde Reizklima, zu allen Jahreszeiten, ist Balsam für Körper, Geist und Seele. Für die Gesundheitsorgen u. a. zwei Reha-Kliniken, die Ostsee-Therme mit Meerwasserschwimmhalle, die Trinkkurhalle und Kurmitteleinrichtungen mit allen Leistungen der balneologischen und physikalischen Therapie.

Der Ort hat 2800 Einwohner und alle haben ein Herz für Gäste! Der Tourismus ist strukturbestimmend. Insgesamt 10000 Gästebetten stehen in Hotels, Pensionen, Appartements, Privatzimmern oder auf dem Campingplatz zur Verfügung. Alte Pensionen in typischer Bäderarchitektur verleihen Boltenhagen seinen ganz besonderen Charme. Der Strand des Ostseebades ist ein 5,5 Kilometer langer steinfreier Sandstrand. Ein vorgelagerter Küstenwaldstreifen schluckt den Straßenlärm. Es herrscht also himmlische Ruhe im gesamten Kurgebiet! Für FKK-Fans gibt es extra einen gesonderten Strandabschnitt – und für Hunde gleich zwei. Sehenswert in Boltenhagen sind die Steilküste (eine der höchsten nach den Kreidefelsen auf Rügen), die 290 Meter lange Seebrücke, das Sturmflutdenkmal (erinnert an das Hochwasser von 1872) auf der Paulshöhe, der Fischereihafen und die Marina mit 350 Liegeplätzen. Und an Freizeitmöglichkeiten mangelt es nicht: Im Spiel-, Sport und Freizeitzentrum mit Fußballplatz und zwei Tennisplätzen kann Groß und Klein aktiv werden. Ebenso können Wassersport, Tauchsport, Nordic Walking, Aqua-Jogging, Strandvolleyball, Minigolf und 18-Loch-Swin-Golf auf der Steilküste betrieben werden. Erlebnisreich wird es auf dem Reiterhof, bei Dampferfahrten ab Seebrücke und Hafen Weiße Wiek, bei den Kurkonzerten, Ausstellungen, Kinderprogrammen, Strandfesten, Erlebniswanderungen und vielem mehr.

## Hotel & Restaurant Gutshaus Redewisch

Dorfstraße 46
23946 Ostseebad Boltenhagen
Tel. 038825-3760 · Fax -37637
www.gutshaus-redewisch.de

Das Gutshaus wurde 2001 nach aufwendiger Sanierung eröffnet. Zur Erholung bieten wir Ihnen einen Saunabereich mit Wellnessanwendungen, Solarium, Fitnessraum und Kaminzimmer. In unserem Restaurant servieren wir Ihnen verschiedene Mecklenburger Köstlichkeiten. Erleben Sie die wiederentstandene familiäre Gutshausatmosphäre in ruhiger Umgebung und wunderschöner Natur, aber doch nur unweit vom Ortskern des Ostseebades Boltenhagen entfernt.

*VISA, AMEX, Eurocard/Mastercard, EC*

> *15. Februar - 15. Januar*
> *Rastaurant: täglich 12.00 - 21.00 Uhr*

          teil-weise

## Literaturhaus »Uwe Johnson«

Stadtinformation
Im Thurow 14 · 23948 Klütz
Telefon 038825-22295 · Fax -22388
info@literaturhaus-uwe-johnson.de
www.literaturhaus-uwe-johnson.de

Öffnungszeiten

**April – Okt.**
**Di – So**
10.00 – 17.00 Uhr

**Nov. – März**
**Do – So**
10.00 – 16.00 Uhr
**Mo – Mi**
geschlossen

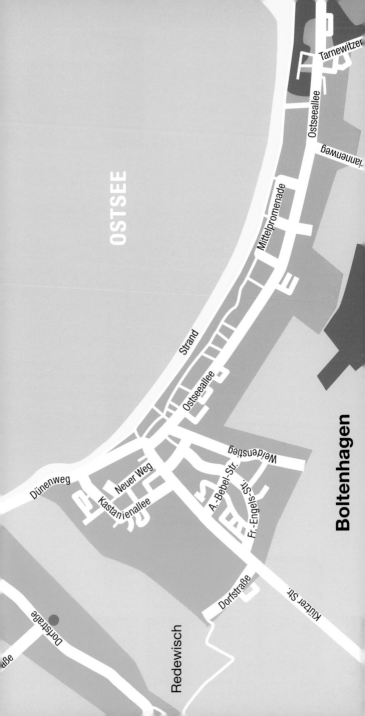

## Kulturelle Höhepunkte 2012 im Ostseebad Boltenhagen

| | |
|---|---|
| 26.-28.5. | Mecklenburger Markt zu Pfingsten |
| 2.6. | Beach Cup 2012 – 21. Volleyball-Strandturnier |
| 15.-17.6. | Deutscher Wind Surf Cup |
| 30.6.-4.7. | Dragon Grand Prix Germany 2012 |
| 13.7. | Sachsenzweier – die Ostrockparty mit Stern Combo Meißen & Lift |
| 14.7. | 15. Boltenhagener Strandfest |
| 3.-5.8. | 21. Boltenhagener Seebrückenfest mit Synchronfeuerwerk |
| 15.8.-2.9. | Schlüters Alpenwelt – Berge treffen auf Ostsee |
| 6.-9.9. | NRV Championsweek |
| 28.-30.9. | Boltenhagener Herbstmarkt |
| 6.10. | 14. Strand-Derby – Das Pferderennen am Strand |
| 13.10. | Boltenhagener Drachenfest |
| 20.10. | 8. Boltenhagener Strandspiele – Sport – Spiel – Spaß am Strand |
| 21.-23.12. | Boltenhagener Weihnachtsmarkt |
| 31.12. | Große Silvester-Party am Strand |

**Kurverwaltung/Tourist-Information**
**Ostseebad Boltenhagen**

Ostseeallee 4
23946 Ostseebad Boltenhagen
Tel. 038825-3600 · Fax -36030
Ostseebad-Boltenhagen@t-online.de · www.boltenhagen.de

»Mumme« muss man probieren! Wer kennt sie nicht, die Freuden eines guten Bieres? Bereits zur Hansezeit trank man es in Wismar reichlich, auch »Mumme«, ein damals weithin bekanntes dunkles Starkbier. Der Hopfen wurde in 148 Hopfengärten angebaut. 182 Brauer gab es im 15. Jahrhundert, und das Bier wurde über die Handelsstraßen in vielen Ländern Europas verkauft. Eine der ersten mittelalterlichen Braustätten und auch die letzte verbliebene in Wismar ist das »Brauhaus am Lohberg«. In zünftiger Atmosphäre erfährt der Besucher alles Wissenswerte über das Bierbrauen und kann die verschiedenen Sorten probieren.

### Alter Schwede! Das größte schwedische Volksfest außerhalb Schwedens findet in Wismar statt!

Das Schwedenfest Wismar erinnert an die 155jährige Zugehörigkeit Wismars zu Schweden. Die Veranstaltungsorte erstrecken sich vom Zentrum der Altstadt bis zum Alten Hafen. Auf dem Marktplatz ist während des Schwedenfestes ein historisches Heerlager eingerichtet, mit Vorführungen und Exerzierübungen des Wismarer Schützenvereins sowie schwedischer militärhistorischer Vereine. Am Alten Hafen gibt es ein buntes Jahrmarkttreiben und am Sonnabend startet hier die Schwedenkopfregatta. Termin für 2012 ist der 17. bis 19. August.

Marktplatz von Wismar

Die Küchenmeister und Köche des Hanseatischen Köcheclubs Wismarer Bucht pflegen die traditionelle mecklenburgische Küche und setzen auf die besten Produkte der Region. Ebenso wie sein Partnerverein auf dem Fischland/Draß/Zingst engagiert sich der Köcheclub Wismarer Bucht, der 2003 gegründet wurde, für die Ausbildung des Köchenachwuchses. So wurde ein Kochwettbewerb der Azubis des 2. und 3. Lehrjahres ins Leben gerufen, der jährlich im Oktober stattfindet. Der Sieger wird mit dem Wismarbucht-Pokal prämiert.

Der Hanseatische Köcheclub Wismarer Bucht veranstaltet zudem kulinarische Veranstaltungen wie die Wismarer Heringstage im März, die 2012 bereits zum 10. Mal stattfinden.

## Kulturelle Höhepunkte 2012 der Hansestadt Wismar

| | |
|---|---|
| 17.3.-1.4. | 10. Wismarer Heringstage |
| 20.4. | Wismar-Konzerte des NDR in der St.-Georgen-Kirche |
| 8.6.-10.6. | 21. Hafentage in der Hansestadt |
| 9.6. | Festspiele Mecklenburg-Vorpommern: Eröffnungskonzert |
| 13.7. | Festspiele Mecklenburg-Vorpommern: Das Friends-Projekt Müncher Kammerorchester |
| 27.-29.7. | 9. Internationales Straßentheaterfest boulevART, Altstadt, Am Alten Hafen/Lohberg |
| 5.8. | Festspiele Mecklenburg-Vorpommern: Julia Fischer-Quartett |
| 16.-19.8. | Schwedenfest in der Hansestadt Wismar |
| 9.9. | Tag des offenen Denkmals Motto: »Holz« |
| 29.11.-21.12. | Wismarer Weihnachtsmarkt |
| 15.-16.12. | 17. Kunstmarkt in Wismar |

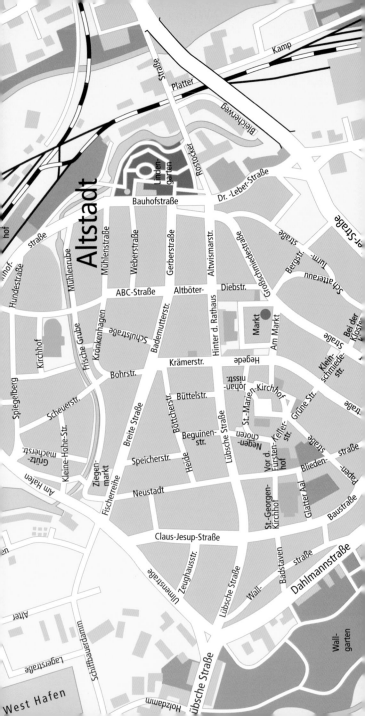

## Phönix Hotel Seeblick

Ernst-Scheel-Straße 27
23968 Hansestadt Wismar
Telefon 03841 - 62740 · Fax -6274666
www.seeblick-wismar.de

### Hotel und Restaurant in Bad Wendorf

Nach liebevollem Umbau des ehemaligen Kurhauses an der Seebrücke des Seebades Wendorf verfügt das Hotel Seeblick ab 2012 über 54 Zimmer mit allem
Komfort, einen Wellnessbereich, Bibliothekszimmer, Fahrstuhl und behindertengerechte Zimmer.

Die begehrtesten unserer Zimmer haben nicht nur einen Balkon, sondern bieten
einen unverstellbaren Blick auf die Wismarer Bucht. Darüber hinaus verwöhnen
wir unsere Gäste in unserem Spezialitätenrestaurant mit internationalen Gaumenfreuden und hochwertigen Weinen.

Ob Familie oder Geschäftsreisende, unser Team sorgt dafür, dass Ihr Aufenthalt
im Hotel Seeblick zu einem unvergesslichen Erlebnis wird. Dafür bieten wir Ihnen
nicht nur bestmöglichen Service und spezielle Arrangements, sondern wir versuchen auch, Ihre ganz besonderen Wünsche zu erfüllen.

Wir freuen uns auf Ihren Besuch!

VISA, AMEX, Eurocard/Mastercard, EC

Hotel 24 h geöffnet
Restaurant 11.00 - 22.00 Uhr geöffnet

## Phönix Hotel Reuterhaus

Am Markt 19
23966 Hansestadt Wismar
Telefon 03841 - 22230 · Fax -222324
www.reuterhaus-wismar.de

**Willkommen in der Hansestadt Wismar!**

Am historischen Markt von Wismar, direkt gegenüber der berühmten Wasserkunst, befindet sich das Hotel und Restaurant Reuterhaus. Benannt nach dem Dichter Fritz Reuter, der hier einst nach Speis und Trank seine Nachtruhe fand, bietet unser Hotel den Gästen heute 10 schön eingerichtete Zimmer. Daneben überzeugt das Reuterhaus vor allem mit seiner köstlichen Mecklenburger Küche, die im Restaurant mit seiner fast 300jährigen historischen Einrichtung oder auf den 40 Außenplätzen serviert wird. Von hier aus können unsere Gäste ganz nebenbei das bunte Treiben auf dem Markt beobachten.
Ob kleine gemütliche Feier oder rauschendes Fest, auch für Ihre Veranstaltungen stehen wir Ihnen jederzeit gern zur Verfügung. Wir kümmern uns darum, dass Ihr Aufenthalt im Reuterhaus zu einem unvergesslichem Erlebnis wird – mit bestmöglichem Service und ganz besonderen Arrangements. Aber auch Ihre speziellen Wünsche versuchen wir für Sie zu erfüllen.

Wir freuen uns auf Ihren Besuch!

VISA, AMEX, Eurocard, EC

Hotel und Restaurant 7.00 - 22.30 Uhr geöffnet

## Phönix Hotel Schäfereck

*Am Schäfereck 1*
*23974 Groß Strömkendorf*
*Telefon 038427 - 40660 · Fax -263*
*www.schaefereck.de*

### Ländliche Idylle vor den Toren der Insel Poel

Das Hotel und Restaurant Schäfereck befindet sich im kleinen Ort Groß Strömkendorf, kurz vor der Insel Poel und nur 200 Meter von der Ostsee entfernt. Von hier aus erkunden Naturliebhaber und Familien zu Fuß, mit dem Fahrrad oder hoch zu Ross die Umgebung. Unter dem Reetdach unseres Familienhotels bieten wir unseren Gästen nach einem erlebnisreichen Tag in den 37 Zimmern Ruhe und Behaglichkeit. Der Küchenchef des Hauses verwöhnt die hungrigen Gäste außerdem mit schmackhafter Landhausküche, die im Restaurant oder auf der großen Sonnenterrasse serviert wird. Ob mit Familie, allein oder mit dem Rad, unser Team sorgt dafür, dass Ihr Aufenthalt im Hotel und Restaurant Schäfereck etwas ganz besonderes wird. Dafür bieten wir Ihnen nicht nur bestmöglichen Service und spezielle Arrangements, sondern wir versuchen auch, Ihre ganz persönlichen Wünsche zu erfüllen.

Normal- und Elektroräder sind direkt im Hotel zu mieten.

*VISA, AMEX, Eurocard/Mastercard, EC*

Geöffnet 7.00 - 23.00 Uhr

## Ostseebad Kühlungsborn – der schönste Platz am Meer

Das Ostseebad Kühlungsborn empfängt seine Gäste in einer unvergesslichen Wohlfühlatmosphäre. Fern ab vom Alltag genießen Sie in traumhafter Kulisse eine erlebnisreiche Zeit. Egal, ob romantisch zu zweit, bei einem Spaziergang auf Deutschlands längster Strandpromenade oder beim Sandburgenbauen mit der Familie, ob bei Kerzenschein oder einem Ausflug in die kulinarische Schlemmerwelt – Kühlungsborn hat einfach alles für einen perfekten Urlaub zu bieten. Jeder Besucher, der zum ersten Mal nach Kühlungsborn kommt, ist erstaunt über das einladende Ortsbild mit seiner klassizistischen Bäderarchitektur. An den Fassaden der Häuser wetteifern Zierelemente um die Gunst ihrer Betrachter. So bekommen Gebäude Charakter, zeugen von bewegter Geschichte und verleihen dem Ort die Ausstrahlung längst vergangener Tage. Ein Spaziergang durch das Ostseebad lässt die Liebe zum Detail spüren, mit der schon vor 1900 gebaut wurde. Innen sind die Häuser nach modernsten Standards eingerichtet und bieten erholsame Tage in einem stilvollen Ambiente. Kühlungsborn ist eingebettet in ein traumhaftes Umland. Durch Wald- und Feld führen zahlreiche Wander- und Radwege an der Küste entlang und bis in die Kühlung, einem bewaldeten Höhenzug. Von dort hat man einen herrlichen Blick über die mecklenburgische Küste. Der Strand zieht sich über sechs Kilometer entlang der Stadt und ist nicht nur im Sommer einen Besuch wert. Gerade

Luftaufnahme von Kühlungsborn

in der kalten Jahreszeit schöpft man hier aus der Natur Kraft. Das heilende Reizklima wirkt sich positiv auf den Organismus aus und macht den Kopf frei für neue Ideen. Gönnen Sie sich den Luxus, etwas für sich zu tun. Wer genug Sauerstoff getankt hat und Appetit verspürt, der wird von der Vielfalt der kulinarischen Genüsse überrascht sein. Restaurants mit Blick aufs Meer, gemütliche Bars und Bistros, lauschige Cafés – Sie haben die Wahl zwischen weit über einhundert gastronomischen Adressen, was Sie wo genießen möchten. Von international über leicht mediterran bis hin zu regionalen Spezialitäten – kulinarische Vielfalt wird im Ostseebad Kühlungsborn großgeschrieben.

Der Bootshafen Kühlungsborn ist mit seiner quirligen Flaniermeile ein ständiger Besuchermagnet für Urlauber und Einheimische. Boutiquen mit hochwertiger maritimer Bekleidung, Schmuckgeschäfte und Kunstgalerien laden zum Verweilen ein, und das ganzjährige Unterhaltungsprogramm des Ortes bietet Kulturgenuss für jedermann. Klassische und zeitgenössische Konzerte, unterhaltsames Kabarett, Beach-Partys oder volkstümliche Musik – es gibt eine breite Palette für gepflegten Ohrenschmaus. Das Auge wird von hochkarätigen Kunstausstellungen verwöhnt, die sich regelmäßig in der Kunsthalle – direkt am Meer gelegen – präsentieren. Sowohl Ruhe suchende Gäste als auch diejenigen, die es belebter mögen, werden im Ostseebad Kühlungsborn »ihren« Platz finden.

Kühlungsborner Hafen Vielmeer

## Kulturelle Höhepunkte 2012 in Kühlungsborn

8.4.      Ostereiersuchen, Konzertgarten Ost

20.-22.7.      Sommerspektakel

18.-21.7.      11. Jazz-Meeting, Kunsthalle

21.7.      Irish Folk Festival, Konzertgarten West

29.7.      5. Kühlungsborner Cocktailnacht

4.8.      Beachvolleyballturnier, Strand Ost

3.-5.8.      9. Kühlungsborner Promenadenfest

11.8.      Seebrückengottesdienst

18./19.8.      10. Kühlungsborner Schippermützenfest, Bootshafen

August      Kühlungsborner Klassiknächte, Konzertgärten

24.8.-1.9.      21. Internationales Gitarrenfestival, Kunsthalle

22.9.      9. Kühlungsborner Marathonmarsch

1.-6.10.      3. Kühlungsborner Gesundheitswoche

17.-20.10.      4. Kammermusiktage in der Kunsthalle

November      10. Kühlungsborner Gourmettage

8./9.12.      Weihnachtsmarkt

## Hotel & Ferienappartements
## »Villa Wilhelmine«

Familie Sauer
Strandstraße 53
18225 Ostseebad Kühlungsborn
Tel. 038293 - 8090 · Fax - 80999
www. hotel-wilhelmine.m-vp.de
hotel-wilhelmine@t-online.de

★ ★ ★ ★

Unser elegantes 4-Sterne-Boutiquehotel, ca. 60 Meter vom Strand am wunderschönen Seebrückenvorplatz, gehört zu den traditionsreichsten und unter Denkmalschutz stehenden Häusern im ehemaligen Brunshaupten. Heute erwartet Sie in unserem Hotel neben exklusiven Einzelzimmern, Doppelzimmern und Suiten ein stilvolles Restaurant und Café, ein Badehaus mit Schwimmbad und Sauna sowie die BELLE ETAGE im Souterrain. Bezaubert Sie morgens noch das reichhaltige Frühstücksbüffet, so werden Sie abends von Antipasti, Fisch- und Steak-Spezialitäten und ausgesuchten Weinen in einem unverwechselbaren Ambiente mit Blick auf die wunderschöne Boulevardstraße in den Bann gezogen. Die gemütliche Außenterrasse genießt einen excellenten Ruf und lädt Sie zu Speisen, Kaffee, Spezialitäten, hauseigenem Kuchen oder Eiskreationen ein. Natürlich können Sie unseren Wintergarten tagsüber auch für Ihre Meetings oder Tagungen buchen.

Wellness und familiäre Umgebung, Natur und Genuss –ein Hotel für Individualisten. Herzlichst, Ihre Familie Sauer

VISA, AMEX, DINERS, Eurocard/Mastercard, EC

ganzjährig geöffnet

# Hotel Aquamarin

*Hermannstraße 33*
*18225 Ostseebad Kühlungsborn*
*Tel. 038293 - 4020 · Fax -40277*
*www.hotel-aquamarin.de*

Das Vier-Sterne-Hotel Aquamarin liegt in Kühlungsborn-West, unmittelbar am Strand und an der sechs Kilometer langen Promenade.

Es ist ein Haus für alle, die etwas mehr wollen als nur ein Bett für die Ferien. Unser Eurotoques-Küchenchef verwöhnt unsere Gäste in unserem stilvollen Restaurant mit einer kreativen Küche und frischen Produkten der Region.

Entspannen Sie sich in unserem Wellnessbereich mit Hallenbad, Sauna, Dampfbad oder Kosmetik und Physiotherapie.

Lassen Sie Ihren Ferientag mit einem »Cocktail AQUAMARIN« an der eleganten Hotelbar ausklingen oder genießen Sie den Sonnenuntergang auf der Pavillon-Terrasse mit einem besonderen Glas Wein. Am Wochenende erleben Sie in unserem Irish Pub Livemusik mit Tanz in gemütlicher Atmosphäre.

*VISA, Eurocard, EC*

*Restaurant: Mo - Fr 18.00 - 22.00 Uhr*
*Sa u. So 12.00 - 22.00 Uhr*

KN
Hot Spot

DIE KÜHLUNGSBORNER
*Gourmet*
HOTELS

## Hotel-Pension***
### »Seeblick«

Ostseeallee 31
18225 Ostseebad Kühlungsborn
Tel. 038293 - 8430 · Fax - 907
www.seeblick-kuehlungsborn.de

Generationsübergreifend beliebt – so kann man unser Haus beschreiben. Schon von weitem grüßen einladend die hübschen Giebel und Türmchen der Hotel-Pension »Seeblick«. Die Optik verspricht nicht zuviel. Familie Witt nimmt ihre Gäste mit familiärer Herzlichkeit auf. Das Haus, direkt am Strand, hat gemütlich eingerichtete Zimmer, die den Ansprüchen moderner Gastlichkeit entsprechen. Besonders interessant – die hauseigene maritime Gaststätte »Zur Reuse«, die es seit 1980 gibt. Vor allem Speisen der regionalen Küche mit einem guten Tropfen werden den traditionell angeboten.

*EC*

»Zur Reuse« *täglich ab 17.30 Uhr, außer sonntags*
*Hotel-Pension »Seeblick« ganzjährig geöffnet*

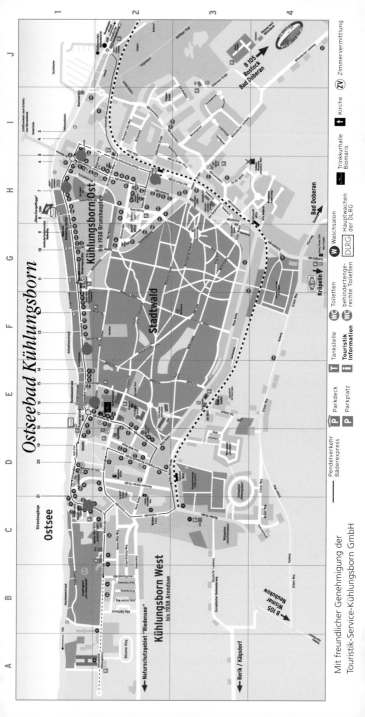

# Ostseebad Kühlungsborn

**Ostsee**

Strandzugänge

Kühlungsborn West
bis 1938 Arendsee

Naturschutzgebiet "Riedensee"

Kühlungsborn Ost
bis 1938 Brunshaupten

Stadtwald

Schifffahrten nach Greifswald und Warnemünde

Seebrücke

Kröpelin ➔

Bad Doberan ➔

B 105 ➔
Rostock
Bad Doberan

➔ B 105
Wismar
Neubukow

➔ Rerik / Kägsdorf

— Pendelverkehr
Bäderexpress

🅿 Parkdeck    P Parkplatz    T Tankstelle    i **Touristik Information**    🚾 Toiletten    🚾 behindertengerechte Toiletten    Ⓦ Waschsalon    DLRG Hauptwachen der DLRG    ✝ Kirche    ⓏⓋ Zimmervermittlung    ⬛ Trinkkurhalle Biomaris

Mit freundlicher Genehmigung der
Touristik-Service-Kühlungsborn GmbH

**Brack**
ÖKO-GOURMETKAFFEE
Seit 1925

Aus eigener Pflanzung, Ernte und Röstung

Sortenreiner Hochlandkaffee aus Peru

## 100% HOCHLAND GOURMET

### *Qualität und Genuss aus Tradition*

**Wir bieten unseren ausgezeichneten 100 % ökologischen Arabica Hochlandkaffee aus eigener Plantage in Peru für Gastronomie und Hotels an, außerdem Kaffeeseminare, Kaffeeausbildung für Personal und Kaffeeschulungen.**

### EINLADUNG

Erleben Sie die Welt von unserem 100% ökologischen Kaffee, selbst gepflanzt, geerntet und geröstet.

Unser Kaffee ist anders, gesund, lieblich, bekömmlich, fein und elegant.

**VERKOSTEN SIE** – ohne Zucker und Milch

Verkauf · Kaffee-Seminare · Ausbildung

Fabrikbesichtigung · Kleine Kaffeeschulung

5,- EUR pro Person · 1 Stunde

**Montag - Freitag** · auch mit Telefontermin

(An der B105 zwischen Rostock und Bad Doberan, Gewerbegebiet 100m von der B105 Ampel RECHTS)

**Brack Gourmet Kaffeerösterei GbR**
Reuterstr. 1a · 18211 Bargeshagen
Tel. 038203-775840 · Fax 038203-775843
**www.brack-kaffeeroesterei.com**

## 100% AROMA UND GENUSS

## Münster, Molli und Meer –
## Bad Doberan und Heiligendamm

Bad Doberan mit seinen Ortsteilen Heiligendamm, Althof und Vorder Bollhagen liegt 15 Kilometer westlich von Rostock und sechs Kilometer von der Ostsee entfernt im Schutz üppiger Buchenwälder. Im Jahr 1186 gründeten Zisterziensermönche aus dem westfälischen Amelungsborn hier ein Kloster, das bald das bedeutendste Mecklenburgs wurde. Seine Bauten und vor allem das prächtige Doberaner Münster prägen noch heute das Antlitz des Ortes.

Als Großherzog Friedrich Franz I. Doberan zu seiner Sommerresidenz erwählte, brach die Blütezeit des Ortes an. Mit dem Einzug des Kur- und Badetourismus entstanden sowohl in Doberan als auch in Heiligendamm eine Reihe klassizistischer Gebäude und prägten damit das Ortsbild. 1879 erhielt Doberan das Stadtrecht und seit 1921 trägt es den Titel »Bad«. 1793 badete Herzog Friedrich Franz I. von Mecklenburg-Schwerin auf Anraten seines Leibarztes Prof. Dr. Samuel Gottlieb Vogel am »Heiligen Damm« in der Ostsee und legte damit den Grundstein für das erste deutsche Seebad.

Münster Bad Doberan

In den Jahren nach der Gründung wurde am »Heiligen Damm« viel gebaut, um seiner steigenden Beliebtheit gerecht werden zu können. Zwischen 1793 und 1870 gestalteten die Baumeister Johann Christoph Heinrich von Seydwitz, Carl Theodor Severin und Gustav Adolph Demmler die »weiße Stadt« zu einem einzigartigen klassizistischen Gesamtkunstwerk aus Bade- und Logierhäusern.

Die Gründung des Seebades Heiligendamm zog zahlreiche Badegäste an, doch eine problemlose Verkehrsanbindung an die Ostseeküste gab es damals noch nicht. Aus diesem Grund wurde 1886 eine Bahnverbindung von Bad Doberan zunächst nach Heiligendamm, dann weiter nach Kühlungsborn errichtet. Über eine Strecke von 15,4 km bringt die Schmalspurbahn »Molli« ihre Fahrgäste laut bimmelnd durch die Straßen. Bis heute ist eine Fahrt mit ihr ein Erlebnis der besonderen Art. Seit 1976 ist der »Molli« als technisches Denkmal anerkannt und eingetragen. In den letzten Jahren wurde ein Teil der historischen Wagen originalgetreu restauriert und im Juli 2009 konnte eine original nachgebaute Dampflok in Betrieb genommen werden.

Pferderennen in Bad Doberan

Hier ist die Welt zwar nicht zu Ende, aber es geht beschaulich zu in der Gemeinde Börgerende-Rethwisch. Die Doppelgemeinde liegt direkt an der Küste inmitten des Landschafts- und Naturschutzgebietes »Conventer Niederung« mit dem gleichnamigen See, einem bekannten Rast- und Nistplatz unzähliger Wasservögel. Die Dorfstraße erstreckt sich über eine Länge von über vier Kilometern, und links und rechts des Weges lassen denkmalgeschützte Scheunen und alte Bauernhäuser die geschichtsträchtige Vergangenheit erahnen. Aber nicht nur mit Landwirtschaft und Fischfang, sondern auch mit der Gewinnung von Reet – daher der Name Rethwisch – verdienten die damaligen Einwohner ihren Lebensunterhalt. Noch heute prägen zahlreiche wunderschöne reetgedeckte Häuser das Ortsbild.

Die Bezeichnung »Börgerende« entstand in der zweiten Hälfte des 17. Jahrhunderts, als sich nach dem Dreißigjährigen Krieg dreizehn »Börger« aus der Hansestadt Rostock am Ortsende von Rethwisch niederließen. Heute leben in der Gemeinde etwa 1800 Menschen. Das Heimatmuseum, das 1982 eröffnet wurde, informiert Besucher über die Geschichte der Gemeinde, und auf dem dazugehörigen Freigelände werden historische Maschinen und Geräte aus der Landwirtschaft ausgestellt. Die Dorfkirche stammt aus dem 14. Jahrhundert und besitzt mittelalterliche Glasmalereien an den Chorfenstern, einen spätgotischen Schnitzaltar und eine barocke Kanzel.

Die Kirche in Börgerende

## Kulturelle Höhepunkte 2012 in Bad Doberan

| | |
|---|---|
| 1.5. | 3. DRK-Volkslauf an der Mollispur |
| 13.5. | 15. Bikergottesdienst, Klosteranlage |
| 27./28.5. | KUNST:OFFEN |
| 1.6. | Kinderfest auf dem Kamp |
| 2./3.6. | 826 Jahre Kloster Doberan, Kloster- und Mittelaltermarkt |
| 16.6. | Traditionelles Anbaden in historischen Kostümen, Seebrücke Heiligendamm |
| 16.6. | Sommersonnenfest am Hasenberg |
| 22.-24.6. | Stadtfest auf dem Kamp |
| 14./15.7. | 13. Schwanen-Rallye für Oldtimer |
| 1.-4.8. | Zappanale Nr. 23, Frank Zappa Open Air Musikfestival |
| 17.-19.8. | Doberaner Renntage auf der Galopprennbahn Bad Doberan-Heiligendamm |
| 9.9. | Tag des offenen Denkmals |
| 13.10. | 6. Bad Doberaner Kulturnacht |

**Tourist-Information und Zimmervermittlung Bad Doberan**

Severinstraße 6
18209 Bad Doberan
Telefon 038203/62154 · Fax -77050
info@bad-doberan-heiligendamm.de
www.bad-doberan-heiligendamm.de

Öffnungszeiten:
15. Mai – 15. Sept
Mo – Fr 9 – 18 Uhr, Sa 10 – 15 Uhr
16. Sept. – 14. Mai:
Mo, Di, Mi, Fr 9 – 16 Uhr, Do 9 – 18 Uhr

## Das Seebad Warnemünde – Rostocks »Kleine Tochter«

Warnemünde wurde um 1195 erstmals urkundlich erwähnt. Im Jahre 1323 wurde das kleine Dorf von der Stadt Rostock gekauft, denn nur so konnte der strategisch wichtige Zugang zur See dauerhaft gesichert werden. Der zur Verwaltung des Ortes bestellte Vogt hatte die Interessen der Rostocker Bürgerschaft durchzusetzen, was 1585 in einem fast absoluten Gewerbeverbot endete. Nur noch Fischer, Seelotsen und Seeleute durften in Warnemünde ihren Beschäftigungen nachgehen – jedes andere Handwerk und Gewerbe waren untersagt.

Schwere Sturmfluten suchten Warnemünde vor allem 1625 und 1872 heim. Im Falle kriegerischer Auseinandersetzungen der Rostocker wurde Warnemünde stets als Rostocker Vorposten genutzt. 1628 ließ Wallenstein hier eine Zitadelle errichten und ab 1632 erhoben die Schweden auf der Anhöhe am Alten Strom einen Zoll, der den Rostocker Hafen für Jahrzehnte lähmte.

Ab 1817 entwickelte sich der Bädertourismus in Warnemünde mit der Ankunft der ersten Badegäste. Seit 1989 hat sich auch Warnemündes Gesicht gewandelt und in Richtung Moderne orientiert. Nichtsdestotrotz erstrahlt vieles immer noch in altem Glanz. Das Neue schmiegt sich harmonisch in das Traditionelle ein. So ist Warnemünde heute ein wahrer Touristenmagnet mit einem stetigen Besucherstrom, zu allen Jahreszeiten.

Am Alten Strom in Warnemünde

## Hotel Neptun *****

*Seestraße 19*
*18119 Rostock-Warnemünde*
*Tel. 0381/7770 · Fax 54023*
*www.hotel-neptun.de*

**MEERBLICK – So weit das Auge reicht:**

**NEPTUNs M.** Bistro & Eiscafé mit Sonnenterrasse
täglich ab 12.00 Uhr

**Grillstube BROILER** traditionsreicher Broiler-Grill mit Kultstatus
täglich 11.30 - 22.00 Uhr

**Café PANORAMA** in 64 Metern mit Rundum-Blick und selbstgebackenem Kuchen
täglich 14.00 - 18.00 Uhr

**Sky-Bar** Tanz-Nachtbar mit Live-Musik und grandiosem Panorama-Blick auf
Warnemünde in 19. Etage, an lauen Sommertagen öffnet sich das Dach über der
Tanzfläche | Fr und Sa 21.00 - 03.00 Uhr

**Hotelrestaurant & FISCHRESTAURANT** Sonntags-Brunch mit Live-Musik und
Meerblick, thematische Abendbüfetts | täglich geöffnet

**Strandbar DÜNE 13**
Mai-Mitte Oktober täglich ab 11.00 Uhr

**außerdem:**
- alle Zimmer mit Balkon und Meerblick
- zertifizierte Wellness-Qualität
- einziges Original-Thalasso-Zentrum mit Gütesiegel
- Salons und Tagungsräume für bis zu 600 Personen

*VISA, AMEX, DINERS, Eurocard/Mastercard, EC*

# Strand-Hotel Hübner

*Seestraße 12*
*18119 Rostock-Warnemünde*
*Telefon 0381-5434 0 · Fax -5434 444*
*www.strandhotelhuebner.de*

Direkt an der Strandpromenade mit Blick auf Leuchtturm, Mole und Ostsee erwartet Sie unser Strand-Hotel Hübner.
Im Restaurant »Hübner« ist für kulinarische Gaumenfreuden gesorgt. Unser Küchenchef und sein Team präsentieren Ihnen regionale und internationale Küche, wobei frischer Fisch selbstverständlich immer eine führende Rolle spielt. Wechselnde Highlights aus nah und fern offerieren Ihnen saisonbedingte Spezialitäten. Das Team des Strand-Hotel Hübner wünscht allen Gästen einen guten Appetit.

*VISA, Eurocard, EC, Amex*

Geöffnet 12.00 - 24.00 Uhr

---

# Park-Hotel Hübner

*Heinrich-Heine-Straße 31*
*18119 Rostock-Warnemünde*
*Tel. 0381-5434 0 · Fax -5434 444*
*www.parkhotelhuebner.de*

An der grünen Lunge Warnemündes, dem Kurpark, befindet sich das Park-Hotel Hübner. Unser Restaurant »Gutmannsdörfer« beeindruckt mit einer großen Weinauswahl (über 150 Sorten) in seiner integrierten Vinothek. Spezialität der offenen Küche sind gebackene Flammkuchen und frischer schmackhafter Fisch. Jeder Wein, den Sie bei uns finden, kann auch zu einem attraktiven Preis mit nach Hause genommen werden. Hochwertige Öle, Salze, Schokoladen und andere feine Kost runden das Angebot ab. Für den besonderen Anlass steht Ihnen unser uriger Weinkeller zur Verfügung.

*VISA, Eurocard, EC, Amex*

Geöffnet 12.00 - 24.00 Uhr

## Yachthafenresidenz Hohe Düne

Am Yachthafen 1
18119 Rostock-Warnemünde
Tel. 0381-50400 · Fax 5040-6099
info@yhd.de · www.hohe-duene.de

Auf einer Landzunge, direkt am weißen Ostseestrand, liegt in Warnemünde die Yachthafenresidenz Hohe Düne. Im Yachting & SPA Resort mit 368 Zimmern und Suiten, paradiesischem HOHE DÜNE SPA, 5-Sterne-Marina sowie elf Restaurants und Bars mit Meerblick – können die Gäste das Leben von der schönsten Seite genießen. Verwöhnen Sie Ihren Gaumen mit anspruchsvoller Gastronomie zubereitet aus heimischen Produkten im Restaurant Brasserie, genießen Sie maritime Spezialitäten im Newport Fisch, frische Pasta im italienischen Restaurant oder ein Menü im Gourmet-Restaurant »Der Butt« (1 Michelin-Stern). Die zahlreichen Restaurants bieten in stilvoll-maritimer Atmosphäre Gaumenfreuden für jeden Geschmack.

*VISA, AMEX, DINERS, Eurocard/Mastercard, EC, JCB*

*ganzjährig geöffnet · Informationen unter Tel. 0381-5040-0*

OSTSEE

Mecklenburger Bucht

Warnemünde

Westmole
Neue Ostmole
Ostmole

Hohe Düne
2 km Markgrafenheide

Marine-Stützpunkt
Pionengraben

WARNOW

Seekanal

Yachthafen

Fähre

Am Bahnhof

Alter Strom
Am Strom

Am Leucht-
turm
Am Bahnhof

Am Strom

Hohe Düne
An der See
Mönchweg
Warnowweg
Am Brinkling
Weg der Freundschaft

2 km Diedrichshagen

Seestraße
Georginen-
weg
Luisen-
straße
Alexandrinenstraße
Anastasiastraße
Kirchenstraße
Kirchenplatz
Poststraße
Fritz-Reuter-Straße
Dänische Straße
Paschenstraße

Friedrich-Franz-Straße
Heinrich-Heine-Straße

Mühlenstraße
Mittelweg

Alte Bahnhofstraße

Mühlenweg

Am Strom
Am Seh.
Bloch-Str.

Steph
Jantzen
Str.

KTC-Str.
Am strom

Theodor-Körner-Str.

Am Bahnhof

Moorstraße

Warnemünde
Richtung

Mozartstr.

Friedrich-
Barnewitz-
Straße

An der
Laak

Fischer
Insel

Kurhausstraße
Wachtlerstr.
Schiller str.

Stephan-
Jantzen-
Park

Richard-Wagner-Straße

Seestraße

Sportstraße

Strandweg

Parkstraße

Gartenstraße
Wiesenweg

Ökanussweg

Parkstraße

Garten- str.

Goethestraße

Weidenweg

Am
Moor

Diedrichshagener
Moor

N

Sportstraße
Parkstraße

Wilhelmshöhe

Ostseeland

© KLATSCHMOHN Verlag 2009

Rostock ist eine moderne, belebte Stadt mit Ausstrahlung auf die gesamte Region und Anlaufpunkt für den Skandinavienverkehr. Das Leben in und um die Universität, den Stadtkern mit den gemütlichen Einkaufsmöglichkeiten und der traditionsreiche Stadthafen bestimmen das Leben Rostocks.

Das Rathaus ist seit mehr als 700 Jahren Sitz der Stadtverwaltung. Das Haus wurde hauptsächlich zwischen 1270 und 1290 als zweigeschossiges Doppelhaus mit Gewölbekeller erbaut.

Baubeginn der St.-Marien-Kirche war Mitte des 13. Jahrhunderts, doch 1398 stürzte der fast vollendete Bau in sich zusammen. Danach entstand eine kreuzförmige Basilika nach den Vorbildern des französischen Kathedralbaustils und der Lübecker Marienkirche.

Die St.-Petri-Kirche mit ihrer 117 Meter hohen Turmspitze markiert die Stelle der Stadtgründung. Vom Aussichtspunkt östlich der Kirche erkennt man gut sichtbar die Verbreiterung der Warnow. Neben der Kirche befindet sich das Slüterdenkmal zur Erinnerung an den Rostocker Reformator Joachim Slüter, der von 1525 bis 1532, wegen des großen Zustroms sogar vor der Kirche, seine Predigten in plattdeutscher Mundart abhielt.

Das Rostocker Rathaus

Die älteste Kirche Rostocks ist die St.-Nikolai-Kirche Sie besitzt mehrere Besonderheiten. Unter dem Altar befindet sich eine Straßendurchfahrt, im Kirchendach sind 20 Wohnungen untergebracht und der Turm beherbergt Verwaltungseinrichtungen der Kirche. Das Schiff ist unter anderem Konzertsaal und Filmvorführraum (Stummfilmnacht).

Vor etwa 1400 Jahren nahmen slawische Stämme das Land in Besitz, auf dem sich das heutige Rostock befindet. Als es die Stadt noch gar nicht gab, legten die slawischen Kyzziner am östlichen Flussufer der Warnow eine Siedlung an und zum Schutz vor Feinden eine Burg. Diesen Flecken nannten sie Roztock. Im Jahre 1161, im Laufe der Slawenkriege, fiel die gleichnamige Burg den Flammen zum Opfer. Wenige Jahre später besiedelten deutsche Kaufleute und Handwerker die Gegend um die heutige Petrikirche.

Große Teile der alten Stadtbefestigungsanlagen, die die Stadtfläche von etwa einem Quadratkilometer umschlossen, sind heute noch erhalten. Südwestlich des Kröpeliner Tores bis zur Schwaanschen Straße erstrecken sich die Wehranlagen. Vom Steintor ausgehend gelangt man entlang der Stadtmauer zum ältesten Stadttor Mecklenburgs, dem Kuhtor.

Blick vom Mühlendamm: St-Nikolai

## Restaurant »CarLo 615«

*Warnowufer 61*
*18057 Rostock*
*Tel. 0381-7788099 · Fax: -7788880*
*info@carlo615.de · www.carlo615.de*

**... CarLo 615, direkt im Stadthafen von Rostock ...**

regionale Küche und saisonale Produkte, diese gepaart mit Einflüssen aus der ganzen Welt finden Sie im modern eingerichteten Restaurant CarLo 615. 2008 übernahm Carsten Loll dieses Restaurant und begeistert seitdem seine Gäste mit interessanten Kreationen. Das ganze wird abgerundet mit einer erlesenen Weinkarte und dem aufmerksamen Service. Sie möchten einfach einen Cocktail und die Aussicht genießen? Auch dann sind Sie im CarLo 615 genau richtig. Die Lounge- Ecke mit den Ledercouchen lädt zum Verweilen und Relaxen ein.

*VISA, Eurocard/Mastercard, EC, auf Rechnung*

*Mo - Sa 12.00 - 22.00 Uhr, So ab 11.00 Uhr*

## Brauhaus Trotzenburg

*Tiergartenallee 6*
*18059 Rostock*
*Tel. 0381-203600 · Fax -2036029*
*info@brauhaus-trotzenburg.de*
*www.brauhaus-trotzenburg.de*

Brauhaus Trotzenburg braut nach alter mecklenburgischer Tradition Bierspezialitäten, die in unserem Hause direkt vom Hahn kommen. Dazu reichen wir heimische Gerichte zu moderaten Preisen.
Im Sommer können Bier und Essen in unserem großen Biergarten, der direkt im Barnstorfer Wald liegt, genossen werden.

*VISA, Eurocard, EC*

*Gasthausbrauerei Mo - Do 10.00 - 24.00 Uhr*
*Fr - Sa 10.00 - 01.00 Uhr · So 10.00 - 23.00 Uhr*

          Mini

## Steigenberger Hotel Sonne

*Neuer Markt 2 · 18055 Rostock*
*Tel. 0381-49730 · Fax -4973351*
*rostock@steigenberger.de*
*www.rostock.steigenberger.de*

Mitten im Herzen der alten Hafenmetropole und direkt neben dem Rathaus befindet sich das traditionsreiche Steigenberger Hotel Sonne. Seine 121 hanseatisch stilvoll eingerichteten Zimmer und Suiten laden zum Wohlfühlen ein. Vielseitige Angebote für Bankette, Tagungen und Seminare sorgen für erstklassigen Komfort. Die Weinwirtschaft überrascht mit einem kulinarischen Verwöhnprogramm: Die größte Weinkarte Rostocks und eine reichhaltige Tapasauswahl laden Sie in einer gemütlichen und zwanglosen Atmosphäre ein, einen schönen Abend zu verleben.

*AMEX, VISA, Eurocard, Mastercard, Diners, EC*

*Weinwirtschaft: täglich 11.00 - 24.00 Uhr*

## Restaurant & Bar SILO4

*Am Strande 3d · 18055 Rostock*
*Tel. 0381/4585800*
*info@silo4.de*
*www.silo4.de*

Genießen mit Weitblick im Rostocker Stadthafen. Die atemberaubende Aussicht und das innovative Gastronomie-Konzept sind nur einige der Highlights, die Sie erwarten.

Das Restaurant besticht durch seine offene Showküche und ein riesiges Panoramafenster. Die besondere Empfehlung des Küchenchefs ist das Silo'S Total Buffet, bei dem Sie Ihr individuelles Gericht aus verschiedenen Rohprodukten selbst kreieren. Für besondere Anlässe wie Familienfeiern, Geschäftsessen oder Firmenjubiläen ist das Restaurant & Bar Silo4 exklusiv buchbar.

*AMEX, VISA, Eurocard, Mastercard, Diners, EC*

*Restaurant: Di - Sa 18.00 - 24.00, So 10.00 - 14.00 Uhr*
*Bar: Do - Sa 18.00 - 02.00 Uhr*

## Kulturelle Höhepunkte 2012 der Hansestadt Rostock

24.3.-9.4.   Ostermarkt, Rostocker Innenstadt

10.-13.5.    FISH-Filmfestival Rostock Stadthafen

11.5.-13.5.  Beach Polo Ostsee Cup Warnemünde

25.-28.5.    Pfingstmarkt im Rostocker Stadthafen

7.-13.7.     75. Warnemünder Woche

9.-12.8.     Hanse Sail – größtes
             Traditionsseglertreffen Norddeutschlands

Oktober      Rostocker Dorschtage

17.11.       »Kultur trifft Genuss« – Künstler des
             Volkstheaters Rostock zu Gast in
             ausgesuchten Warnemünder Restaurants

22.11. –     Rostocker Weihnachtsmarkt
22.12.

Segler bei der Hanse Sail

## Die Bernsteinmetropole Ribnitz-Damgarten

Im vergangenen Jahrhundert hat sich Ribnitz-Damgarten zu einem Zentrum der Bernsteinverarbeitung entwickelt. Man begegnet ihm auf der Bernsteinmeile in vielen Variationen. Sehr seltene Steine haben ein Innenleben – sie werden Inklusen genannt. Viele, ganz besonders wertvolle Stücke präsentiert das Deutsche Bernsteinmuseum in seiner einzigartigen Ausstellung im ehemaligen Kloster Ribnitz. Besondere Attraktionen sind einmalige Bernsteineinschlüsse, Bernsteinkunstwerke des 16. und 17. Jahrhunderts sowie der Gegenwart und die längste Bernsteinkette der Welt. In der Schauwerkstatt wird die Bernsteinverarbeitung vorgeführt und während der Sommermonate gibt erwartet Kinder ein buntes Programm rund um den Bernstein.

## Die Schaumanufaktur Ostsee-Schmuck

In einem bemerkenswerten Bauwerk im Stadtteil Damgarten befindet sich Europas größte Bersteinschmuck-Verkaufsausstellung. Sie ist die umfangreichste ihrer Art in Deutschland. Unter sachkundiger Führung lernt der Besucher die wichtigsten Stationen der Schmuckgestaltung und -anfertigung kennen und er kann in der Werkstatt ein Schmuckstück selbst herstellen. Die Verkaufsgalerie bietet ein breitgefächertes Schmuck- und Kunstsortiment. Ein Bistro lädt zusätzlich zum Verweilen ein.

Das ehemalige Landeskloster in Ribnitz-Damgarten

## Kulturelle Höhepunkte 2012 in Ribnitz-Damgarten

| | |
|---|---|
| 27.4.-1.5. | Frühlingsfest |
| 1.5.-30.6. | Opalwochen, Naturschutzkammer Neuheide |
| 19.5. | Schafscheren, Freilichtmuseum Klockenhagen |
| 1.6. | Schützenfest mit Vogelschießen und Kinderfest |
| 8.-10.6. | Bernsteinfest |
| 16.6. | Kunst- und Kulturfest |
| 16.6. | Traktoren- und Oldtimertreffen, Freilichtmuseum Klockenhagen |
| 20.6.-29.8. | Ribnitzer Orgelsommer 2012 |
| 28.6. | 23. Internationales Folklorefest |
| 6.7. | Internationales Ostblockfahrzeugtreffen, Flugplatz Pütnitz |
| 14.7. | Swing Breeze, Hafen Ribnitz |
| 4.8. | Sommerfest mit Badewannenrennen |
| 17.-19.8. | Hafenfest |
| 4.11. | Hubertusfest |
| 1.12. | Adventsfeuer |
| 7.-9.12. | Weihnachtsmarkt, Marktplatz Ribnitz-Damgarten |

ERNSTEINSTADT
RIBNITZ-DAMGARTEN

STADTINFORMATION
Am Markt 14, 18311 Ribnitz-Damgarten
T. + 49 (0) 3821 2201, Fax 894750
stadtinfo@ribnitz-damgarten.de
www.ribnitz-damgarten.de

# Elektrofahrrad E-Bike

**Gruppen - Touren - Service**
**Genuss - Aktiv – Erfahren**

Das Ostseeheilbad Graal-Müritz zählt zu den landschaftlich reiz-
vollsten Orten an der Mecklenburgischen Ostseeküste. Es liegt direkt
am Ostseestrand nur 20 Kilometer von der Hansestadt Rostock entfernt und am Eingang zum Fischland/Darß/Zingst. Um Graal-Müritz
herum erstreckt sich das größte zusammenhängende Mischwaldge-
biet an der Deutschen Ostseeküste, die Rostocker Heide. Östlich wird
der Ort vom Müritz-Ribnitzer Hochmoor begrenzt, einem einmaligen
Biotop mit seltenen Pflanzen und Tieren, die es anderenorts schon
nicht mehr gibt. Auf gut markierten Wegen, als Gruppe oder ein-
zeln, ist dieses Gebiet ein beliebtes Wander- und Radfahrerareal.
Die blaue Flagge, die an der Seebrücke von Graal-Müritz weht, zeugt
davon, dass das Wasser besonders klar und sauber ist und sich hier
bestens kuren lässt.

Seebrücke in Graal-Müritz

Besonders sehenswert ist der 4,5 Hektar große Rhododendronpark.
Er beeindruckt mit über 2000 Stauden über 60 verschiedenen Rho-
dodendronarten. Im Mai und Juni erstrahlt er in allen Farben und
auf dem traditionellen Rhododendronparkfest (18.-20. Mai 2012)
wird alljährlich die Rhododendronkönigin gekürt.
Graal-Müritz ist ein weitläufiger Ort, der sich aus zwei eigenständi-
gen Gemeinden gebildet hat. Alte, restaurierte Fischerkaten mit
schilfgedeckten Dächern harmonieren vorzüglich mit modernen Hotels und Pensionen im Bäderstil. Die gemütlichen Restaurants und
Cafés auf der Strandpromenade locken mit köstlichen regionalen
Spezialitäten und frisch gebackenem Kuchen. Aber auch moderne
Kliniken und Kureinrichtungen mit bundesweitem Bekanntheitsgrad
bestimmen den Charakter des Seeheilbades.

## Kulturelle Höhepunkte 2012 in Graal-Müritz

| | |
|---|---|
| 24.3. | Frühlings-Kunsthandwerkermarkt |
| 7./8.4. | Ostervergnügen an der Seebrücke |
| 18.-20.5. | 29. Rhododendronparkfest |
| 27.5. | Mit 70 hat man noch Träume – musikalische Revue RAMONAS |
| 23.6. | Mittsommernachtsfest |
| 13.-15.7. | Seebrückenfest |
| 7.7. | »Ben Hur« Compagnie de Comédie Rostock |
| 19.7. | Salsa-Nacht im Park mit LA BANDA RITMO CUBANO |
| 4.8. | TabularasaTrotzTohuwabohu – Schwarze Grütze, Kabarett der Extra-Klasse |
| 17.-19.8. | Sommerfest |
| 14./15.9. | Moorfest |
| 14./15.10. | Drachenfest |
| 24.11. | Advents-Kunsthandwerkermarkt |
| 30.12.-1.1.13 | Jahreswechsel an der Seebrücke |

Der Rhododendronpark Graal-Müritz

## IFA Graal-Müritz Hotel

*Waldstraße 1*
*18181 Ostseebad Graal-Müritz*
*Tel. 038206-730 · Fax -734444*
*www.ifa-graal-mueritz-hotel.com*
*graal-mueritz@ifahotels.com*

Das komfortable Hotel, umgeben von einer weitläufigen Parkanlage, verfügt über 150 exklusive Zimmer, Suite und Bungalows und begrüßt Sie mit einer eleganten Eingangshalle und einer gemütlichen Kaminbar. Feinste Genüsse regionaler und internationaler Küche erleben Sie in unserem Restaurant »Orangerie«. Der herrliche Wellnessbereich bietet neben dem großen Schwimmbecken mit Erlebnisgrotte, Sternenhimmel und Wasserfall, eine Gegenstromanlage, Schwallduschen und 3 verschiedene Saunen, sowie viele Massage- und Kosmetikangebote.

*VISA, AMEX, Eurocard/Mastercard, EC*

> *ganzjährig geöffnet, Hotel 24 h, Kaminbar: täglich ab 17.30 Uhr*
> *Restaurant »Orangerie«: Mo-Fr 7.00 - 23.00 Uhr So 7.30 - 23.00 Uhr*

             im öffentl. Bereich             kostenpflichtig    bis 15 kg (im Restaurant nicht gestattet)

Radwandern in Graal-Müritz

## Caféstübchen und Pension Witt

Am Tannenhof 2
18181 Ostseeheilbad Graal-Müritz
Tel. 038206/77221 · Fax 77913
www.pension-cafe-witt.m-vp.de
cafe-witt@web.de

Im Ortsteil Müritz in zentraler und dennoch ruhiger Lage, eingebettet in die Rostocker Heide, das Müritzer Moor und die Dünenwiesen, bieten wir Ihnen 16 geschmackvoll eingerichtete Zimmer in drei verschiedenen Größen. Alle Zimmer verfügen über DU/WC und SAT-TV. Wir verwöhnen Sie mittags und abends kulinarisch mit frischem Ostseefisch und regionalen Spezialitäten. Zur Kaffeezeit genießen Sie unsere hausgebackenen Kuchen und Torten. Unsere besondere Spezialität sind die Riesenkirsch-Windbeutel – unglaublich lecker und riesig! Wir freuen uns auf Ihren Besuch!

EC

12.00 - 22.00 Uhr, außer Montag

 * Tiere auf Anfrage

## SEEHOTEL DÜNE Graal-Müritz

Strandstraße 64
18181 Ostseeheilbad Graal-Müritz
Tel.038206-1399-0 · Fax -1399-19
www.seehotel-duene.de
kontakt@seehotel-duene.de

Lassen Sie sich in unserem 3-Sterne-Hotel und Restaurant mit dem besonderen Ambiente verwöhnen! Wir bieten Ihnen zur gesunden Ernährung eine reichhaltige Auswahl an regionalen und saisonalen Gerichten, wie Wild- und Fischspezialitäten. Neu bei uns finden Sie die Trennkost nach Dr. Pape: Kohlenhydratreiche Kost zum Frühstück und Mittag sowie eiweißreiche Kost zum Abendbrot.

VISA, Eurocard/Mastercard, EC

12.00 bis 22.00 Uhr

 bis 25 Personen

## Ostseebad Dierhagen – das Tor zur Halbinsel

Am Eingang zur Halbinsel Fischland/Darß/Zingst liegt Dierhagen mit seinen ca. 1600 Einwohnern. Das Ostseebad zählt sechs Ortsteile: Dierhagen Dorf, Dierhagen Strand, Dierhagen Ost, Neuhaus, Dändorf und Körkwitz, wobei jeder von ihnen einen gänzlich anderen Charakter und damit Charme besitzt. Während es im Dorf selbst, das mit seiner altehrwürdigen Dorfkirche und dem Hafen an den Bodden grenzt, in den Sommermonaten trotz vieler Besucher noch eher beschaulich zugeht, liegen Dierhagen Strand und Dierhagen Ost unmittelbar an der Ostseeküste. Hier befinden sich gleich hinter den Dünen unzählige schmucke Sommerhäuser inmitten eines Kiefernwäldchens, das nur wenige Schritte vom Strand entfernt liegt.

Der wunderschöne Sandstrand von Dierhagen

Das Dörfchen Dändorf an der boddenseitigen Küste des Fischlands ist über eine kleine Straße nebst Wanderweg von Dierhagen Dorf aus zu erreichen. Auch Dändorf hat einen kleinen Hafen. Das Ortsbild ist von prächtigen Kapitänshäusern, alten Bauerngehöften und Katen geprägt. Mitte des 19. Jahrhunderts hatte Dändorf ebenso wie Dierhagen aufgrund der zunehmenden Segelschifffahrt einen gewissen Wohlstand erreicht. Sowohl hochrangige Kapitäne, gestandene Seeleute und Schiffseigner lebten hier in den Dörfern am

Eingangstor zum Fischland. Von Körkwitz aus kann man sowohl östlich den Bodden sehen und die Ostsee bereits westlich hinter den Bäumen erahnen. Gegenüber von Dändorf, ebenfalls am Meer, schließt sich dann noch der Ortsteil Neuhaus an, der von Dünen und einem Kiefernwald umsäumt ist.

Zeesboot-Regatta in Dierhagen

Als ein besonderes Highlight in der Saison gelten im Ostseebad Dierhagen die »Naturklänge«, die außergewöhnliche Musik an faszinierenden Orten versprechen. Die Konzertreihe, die regelmäßig rund um die Halbinsel Fischland/Darß/Zingst und im angrenzenden Binnenland stattfindet, lassen die Genüsse aus Musik und Natur verschmelzen. 2012 findet dieses musikalische Erlebnis am 21. Juli im Kurpark in Dierhagen statt.

Traditionell in Dierhagen ist auch die Dierhäger Zeesenbootregatta auf dem Saaler Bodden, die jeweils am dritten Wochenende im Juli stattfindet (21./22. Juli 2012). Während die Segler auf dem Wasser um den Sieg kämpfen, wird im Hafen gefeiert. Und am Abend zum großen Seglerball geladen. Eine feste Tradition ist zudem das Dierhäger Flutlicht-Tonnenabschlagen im August (11. August 2012). Bei diesem einmaligen Schauspiel ringen die Reiter um die Königswürde und erhalten ihre Ehrung beim spätabendlichen Ball.

# Ostseehotel Dierhagen

Wiesenweg 1
18347 Ostseebad Dierhagen
Tel. 038226-51-0 · Fax -51871
*www.ostseehotel-dierhagen.de*
*info@ostseehotel-dierhagen.de*

**Wohlfühlen, Genießen, Wellness im 3\*\*\* Superior Ostseehotel Dierhagen**

Nur 250 Meter trennen unser Ferienhotel von einem der schönsten Strandabschnitte unserer Region und vom weit verzweigten Radwegenetz. Die geraden Linien der Bauhausarchitektur kombiniert mit den natürlichen Baumaterialien Stein und Holz, fügen sich harmonisch in die ursprüngliche Natur der Umgebung ein. Die 162 hellen, freundlichen Zimmer sind modern ausgestattet. Große Sonnenterassen laden zum Entspannen ein.

In unserem Restaurant genießen Sie frische, regionale Küche. Bei schönem Wetter lockt die Außenterrasse mit einem traumhaften Blick auf den Saaler Bodden. Am Nachmittag lässt es sich bei Kaffee und Kuchen in unserer CaféBar verweilen, wo wir Sie am Abend in stimmungsvoller Atmosphäre gerne zu einem Glas Wein oder einem fantasievollen Cocktail begrüßen.

Aktive werden einige Bahnen in unserem Indoor- Pool schwimmen, ein Fahrrad mieten, sich im Fitnessraum sportlich betätigen oder Basketball und Tischtennis in unserer Sporthalle spielen. Erholungssuchenden steht unsere Sauna zur Verfügung und das Team unseres Vital Spa hält ein breites Angebot an Körperbehandlungen und kosmetischen Anwendungen bereit.

Wir freuen uns auf Ihren Aufenthalt in unserem Hause.

*VISA, AMEX, Eurocard/Mastercard, EC, auf Rechnung*

*Küche täglich ab 12.30 Uhr*

## Strandhotel Dünenmeer
**** *superior*

Birkenalle 20
18347 Ostseebad Dierhagen
Tel 038226-5010 · Fax 038226-501555
www.strandhotel-ostsee.de
info@strandhotel-ostsee.de

Nur wenige Meter von der schäumenden Brandung entfernt, befindet sich unser Hotel in einer der schönsten Dünenlandschaften der Ostsee. Hier kann man den Komfort und Service eines Premium-Wellness-Hotels genießen. Der lichtdurchflutete SPA mit Meerblick, Sauna, Dampfbad, Rasul und Indoor-Pool, erwartet Sie zu wohligen Verwöhnmomenten. Ausgiebige Strandspaziergänge, kulinarische Genüsse und die charmante Atmosphäre lassen Ihren Urlaubstraum wahr werden.

*VISA, Eurocard/Mastercard, EC, auf Rechnung*

Restaurant täglich 12.00 – 18.00 Uhr
à la carte Restaurant täglich 18.00 – 22.00 Uhr

      eingeschränkt

## Strandhotel Fischland
**** *superior*

Ernst-Moritz-Arndt-Straße 6
18347 Ostseebad Dierhagen
Tel 038226-520 · Fax 038226-52999
www.strandhotel-ostsee.de
info@strandhotel-ostsee.de

Eingebettet in die urwüchsige Natur, zwischen Küstenwald und Ostsee finden Sie im Strandhotel Fischland ein Traumziel für die ganze Familie. Der großzügige und moderne SPA mit Schwimmbad, Saunen und Ruhebereichen lädt ein zum ausgiebigen Relaxen. Im Fitness-Center und auf den Indoor- und Outdoor-Tennisplätzen kommen Sportbegeisterte ganz auf ihre Kosten. Ein ganz besonderes kulinarisches Highlight erleben Feinschmecker im Gourmetrestaurant »Ostseelounge« mit fantastischem Blick über die Ostsee und Gaumenfreuden der Extraklasse.

*VISA, Eurocard/Mastercard, EC, auf Rechnung*

Restaurant täglich 12.00 – 18.00 Uhr, à la carte
täglich 18.00 - 22.00 Uhr · Gourmet-Restaurant Mi - So ab 18.30 Uhr

        eingeschränkt

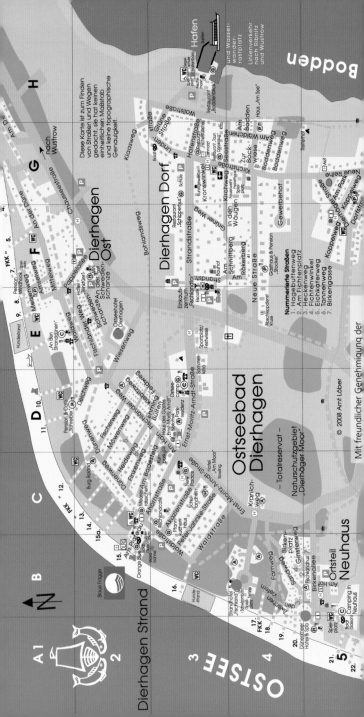

## Kulturelle Höhepunkte 2012 in Dierhagen

| | |
|---|---|
| Mai – Oktober | Sommerfrische Markt, dienstags und freitags, Hafen Dierhagen Dorf |
| 26./27.5. | 2. Dierhäger Bikertreffen, Festwiese |
| 2.6. | Kinderfest, Hafen Dierhagen Dorf |
| 10.6. | Kinderfest, Hafen Dändorf |
| 9./10.6. | Landesmeisterschaften im Beachvolleyball, Sportstrand Dierhagen |
| 16.6. | Feierliche Einweihung des Historischen Salzhafen Dändorf |
| 19.-21.6. | »100 Jahre Schulhaus« Festtage anlässlich des Jubiläums, Grundschule »Schwalbennest« Dierhagen Dorf |
| Juli/August | Mittelalterspektakel, Areal hinter der Festwiese |
| 8.7. | Konzert der Reihe Naturklänge, Kurpark |
| 14.7. | Zeesenbootregatta, Hafen Dierhagen Dorf |
| 14.7. | Piratenfest, Hafen Dierhagen Dorf |
| 20.-22.7. | Hafenfest, Hafen Dierhagen Dorf |
| 29.7. | Sunset Piano Concert, Strandaufgang Strandhotel Fischland |
| 1.8. | DLRG-NIVEA-Strandfest, Sportstrand Dierhagen |
| 11.8. | Flutlicht-Tonnenabschlagen, Festwiese |
| 1.9. | Klanglichter, Dorfkirche Dierhagen |
| 7.10. | 6. Ostsee StaffelMarathon, OT Neuhaus |
| 31.12. | Silvesterparty, Hauptstrand, Plateau Dierhagen Strand |
| 12.1.2013 | Tourismusball, Ostseehotel Dierhagen |

OSTSEEBAD DIERHAGEN

### *Kurverwaltung Ostseebad Dierhagen*

Ernst-Moritz-Arndt-Str. 2 · 18347 Ostseebad Dierhagen
Tel. 03 82 26/201 · Fax 03 82 26/8 04 66
www.ostseebad-dierhagen.de
KV.Dierhagen@t-online.de · info@ostseebad-dierhagen.de

Wustrow liegt zwischen Ostsee und Saaler Bodden. Vor vielen hundert Jahren befand sich hier ein Heiligtum der Slawen – Svante Wustrow – »Heilige Insel«, das dem Ostseebad seinen Namen gab.

Zum einen wird Wustrow geprägt durch den kilometerlangen Sandstrand, die Dünenlandschaft mit den Küstenschutzwäldern und den Blick über die Weite des Boddens, und zum anderen durch die in der Ziegelbauweise errichteten Wustrower Fischer- und Kapitänshäuser. In der Neuen Straße befindet sich das 250 Jahre alte »Fischlandhaus« – ein Beispiel für die typischen Krüppelwalmdachhäuser. Aber auch die imposante Kirche auf dem Burgwall, die ehemalige Seefahrtschule und die jahrhundertealten Lindenalleen sorgen für ein angenehmes Flair. Die Segelboote mit den braunen Segeln, auch Zeesboote genannt, mit denen im Bodden gefischt wurde, liegen im einst bedeutenden Hafen. Heute werden mit den Booten im Sommer Regatten gefahren.

Typisches Fischerhaus in Wustrow

Dem »Fischländer Strand« wurde 1999 aufgrund der guten Wasserqualität und des Strandes die »Blaue Europa-Flagge« verliehen. Die 1993 fertig gestellte 230 Meter lange Seebrücke ist ein weiterer Anziehungspunkt für das Ostseebad. Viele Angler erfreuen sich hier an ihrem frischen Fang. In der Zeit von 20 Uhr bis 6 Uhr morgens dürfen sie hier die Angeln auswerfen.

## Hotel und Restaurant Sonnenhof

Strandstraße 33
18347 Ostseebad Wustrow
Tel. 038220-6190 · Fax -61955
www.sonnenhof-wustrow.de

Wir bieten Ihnen zehn Doppelzimmer und vier Appartements in unmittelbarer Strandnähe und ruhiger Parklage. Bei uns finden Sie Schwimmbad, Solarium, Sauna, Hydro-Jet sowie einen Kinderspielplatz. Unsere gutbürgerliche Küche können Sie auf der großen Außenterrasse oder im Restaurant genießen. Entspannen Sie bei einem Cocktail in unserem Wintergarten.

VISA, AMEX, Diners, Eurocard, EC

täglich von 7.00 - 23.00 Uhr

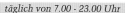

bei
2 App.

## Ostseehotel Wustrow

Fischländer Weg 35
18347 Ostseebad Wustrow
Tel. 038220-6250 · Fax -294
www.ostseehotel-wustrow.de

Sie finden uns zwischen Dierhagen und Wustrow. Meer, Strand und der Europa-Radwanderweg auf dem Deich liegen direkt vor unserer Haustür. Unser familiär geführtes Hotel bietet mit seinen 55 komfortabel und behaglich eingerichteten Hotelzimmern beste Voraussetzungen für Erholung und Entspannung. In unserem maritim geprägten Restaurant mit Wintergarten und Sonnenterrasse lassen sich unsere Gäste von unserem freundlichen Team und einer guten Küche gern verwöhnen. Massagen und Beauty-Angebote, Sauna, Sanarium, Solarium, Whirlpool und ein großzügiger Ruhebereich tragen zum Wohlbefinden bei.

EC

ganzjährig geöffnet

## Kulturelle Höhepunkte 2012 in Wustrow

| | |
|---|---|
| 7.4. | 11. Fischländer Strandgalopprennen |
| 14.4. | 6. Fischländer Nordic Walking Day |
| 15.-17.6. | Kunsthandwerkermarkt |
| 1.7. | Seebrückengottesdienst |
| 30.6. | 28. Zeesbootregatta am Fischländer Hafen |
| 8.7. | Tonnenabschlagen |
| 28.7. | 14. Fischländer Wettfahrt und Hafenfest am Fischländer Hafen |
| 2.8. | DLRG NIVEA-Strandfest |
| 11.8. | Sportlertag |
| 17.-9.8. | Kunsthandwerkermarkt |
| 26.8. | Seebrückenfest |
| 8.9. | »Naturklänge« am Steilufer |
| 12.10. | Herbstfest am Fischländer Hafen |
| 8.12. | Kleiner Weihnachtsmarkt |

**Kurverwaltung Ostseebad Wustrow**
Ernst-Thälmann-Str. 11 · 18347 Ostseebad Wustrow
Tel. 03 82 20/251 · Fax 03 82 20/253
www.ostseebad-wustrow.de
email: kurverwaltung@ostseebad-wustrow.de

Leuchtfeuer in Wustrow

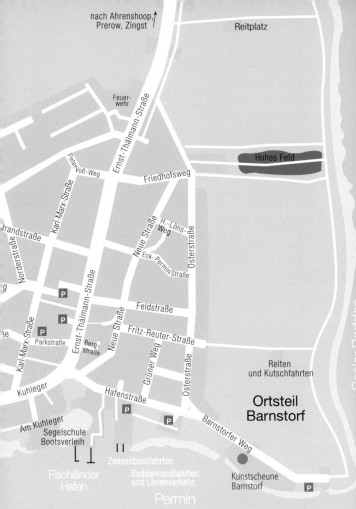

nach Ahrenshoop,
Prerow, Zingst

Reitplatz

Feuer-
wehr

Ernst-Thälmann-Straße

Peter-Voß-Weg

Karl-Marx-Straße

Friedhofsweg

Hohes Feld

trandstraße

Norderstraße

Neue Straße

H.-Löns-
Weg

Eck-Permin-Straße

Osterstraße

P

P

Ernst-Thälmann-Straße

Feldstraße

Neue Straße

Fritz-Reuter-Straße

Karl-Marx-Straße

Parkstraße

Berg-
straße

Grüner Weg

Osterstraße

Reiten
und Kutschfahrten

Kuhleger

Hafenstraße

Ortsteil
Barnstorf

Am Kuhleger

Segelschule
Bootsverleih

P

P

Barnstorfer Weg

Fischländer
Hafen

Zeesenbootfahrten

Boddenrundfahrten
und Linienverkehr

Kunstscheune
Barnstorf

P

Permin

Saaler Bodden

© KLATSCHMOHN Verlag 2009

## Die Künstlerkolonie Ahrenshoop

Das Ostseebad Ahrenshoop – gelegen zwischen Meer und Bodden, zwischen Steilufer und Flachküste, zwischen Natur und Kultur, am Rande des Nationalparks »Vorpommersche Boddenlandschaft« – ist wohl einer der beliebtesten der kleinen Küstenorte auf Fischland/Darß/Zingst. Der malerische Ort ist besonders bei Kulturinteressierten weit über die Landesgrenzen hinaus als Künstlerort bekannt. Es ist der Wechsel zwischen Steilküste und flachem Ufer, weiten Boddenwiesen und dem Darßwald im Nationalpark »Vorpommersche Boddenlandschaft«, der Ostsee und den Boddengewässern und besonders das Licht, das die Künstler und Individualisten inspiriert.

Schon vor mehr als 100 Jahren entdeckten sogenannte Freiluftmaler das natürliche Flair und die landschaftliche Schönheit von Ahrenshoop für sich und fanden hier ihre Quelle der Inspiration. Dazu gehörte auch der bekannte Landschaftsmaler Paul Müller-Kaempf. Er war der erste Künstler, der hier seinen festen Wohnsitz einnahm und gilt daher als Begründer der ehemaligen Künstlerkolonie. Auch Albert Einstein genoss hier die Abgeschiedenheit vom Gedränge der Großstadt.

Heute steht das Ostseebad immer noch ganz im Zeichen der Kunst. Mit dem reichen kulturellen Angebot lockt es jährlich zahlreiche Besucher in die Galerien, Ausstellungen, offenen Ateliers und Werkstätten. Einer der touristischen Anziehungspunkte ist der Kunstkaten, der sich dem unverwechselbaren Charakter und der Tradition des Ortes widmet. Themen wie Natur, Landschaft, Mensch und Meer stehen hier im Vordergrund der wechselnden Ausstellungen. Die Exponate stammen von hier lebenden und arbeitenden Künstlern, aus Sammlungen, Nachlässen oder Retrospektiven.

Das Neue Kunsthaus widmet sich der zeitgenössischen Kunst Mecklenburg-Vorpommerns. Einzelausstellungen und themenbezogene Gemeinschaftsausstellungen gehören neben einem ständigen Angebot an Malerei, Kleinplastik, Grafik und verschiedenen Editionen von Künstlerbüchern zum vielfältigen Repertoire des Hauses.

Der Einfluss von Schriftstellern, Bildhauern, Musikern und anderen kreativen Köpfen ist charakteristisch für den heutigen Künstlerort, denn Ahrenshoop beschränkt sich nicht nur auf die Malerei. Der

Platz für Musik ist die LGM-Klanggalerie »Das Ohr«. Hier steht buchstäblich das Ohr im Zentrum des sinnlichen Genusses. Besucher des »Ohrs« erleben musikalische Aufführungen der besonderen Art mit Klängen der Musik des Berliner Komponisten und Musikers Lutz Gerlach.

Im Jahr 2005 wurde Ahrenshoop um ein zusätzliches Highlight bereichert: Zum ersten Mal in seiner Geschichte wurden unter dem Motto »Künstlerkolonien Europas« alte Bilder der Künstlerkolonie Ahrenshoop ausgestellt. Das Oglethorpe University Museum of Art in Atlanta präsentierte neben zahlreichen Werken aus anderen Künstlerkolonien Europas auch Bilder von Paul Müller-Kaempf.

Lichtspiele an der Steilküste von Ahrenshoop, am Hohen Ufer

# Romantik Hotel »Namenlos« & Fischerwiege

*Schifferberg 2*
*18347 Ostseebad Ahrenshoop*
*Tel. 038220-606200 · Fax 606301*
*www.hotel-namenlos.de*

empfohlen durch die bekannten Gourmetführer

Der zum Romantik-Hotel Namenlos & Fischerwiege gehörende Restaurationsbetrieb mit seinem eigenwilligen Namen besteht seit 1912 und befindet sich seit Generationen in Familienbesitz. Aufmerksame und freundliche Gastlichkeit in Verbindung mit dem handwerklichen Können der Köche lassen Sie den Alltag vergessen. Der Blick auf's Meer, mit oder ohne Sonnenuntergangsstimmung, aus dem lichtdurchfluteten Restaurant oder von der Seeterrasse erfreuen den Besucher zu jeder Jahreszeit.

Feinste Torten aus der hauseigenen Konditorei, die regionalen Spezialitäten der Küche und ein wohlsortiertes Weinangebot machen den Besuch zu einem Genuss.

| | |
|---|---|
| Inhaber: | Familie Fischer |
| Sommeliere: | Kerstin Ewaldt |
| Küchenchef: | Richard Crohn |
| Restaurant: | Kerstin Ewaldt |

Empfehlenswert: Krosse Bauernente mit Apfelrotkohl,
frischer Fisch aus Bodden und Ostsee
sowie Wildspezialitäten aus dem Darßer Wald.

*VISA, Eurocard/Mastercard, EC*

 *täglich geöffnet ab 8.00 Uhr*

 mit Anmeldung im Voraus

## Pension & Restaurant »Nordlicht«

Dorfstraße 34
18347 Ostseebad Ahrenshoop
Tel. 038220-69610 · Fax 69623
www.nordlicht-ahrenshoop.de

Direkt hinter den Dünen am weißen Sandstrand mitten im Künstlerort Ahrenshoop liegt unser Haus Nordlicht. Sie wohnen mit Meerblick, Balkon oder Terrasse. Das Restaurant ist liebevoll im skandinavischen Landhausstil eingerichtet. Serviert wird Mecklenburgisches in kreativen Varianten, frischer Fisch und Darßer Wild nach Saison.
Die Sonnenterrasse lädt ein zum Verweilen und Genießen bei täglich hausgebackenem Kuchen, Eis oder einem guten Wein.

*VISA, Eurocard/Mastercard, EC*

*täglich von 11.00 - 22.00 Uhr*
*in der Saison bis 23.00 Uhr*

## Fischrestaurant »Achtern Strom«
### im »Baltischen Hof«

Dorfstraße 4
18347 Ostseebad Ahrenshoop
Tel. 038220-82601 · Fax -66535

Unser Haus befindet sich auf der Halbinsel Fischland/Darß zwischen Ostsee und Saaler Bodden.
Vergessen Sie in unserem gemütlich eingerichteten Restaurant, in entspannender Atmosphäre am Meerwasseraquarium oder auf der Terrasse Ihren Alltagsstress und lassen Sie sich von uns verwöhnen. Der Küchenchef bietet Ihnen Fische der Region ausschließlich aus dem Fang einheimischer Fischer an, ob gedünstet, gebraten, ge-backen oder frisch geräuchert – alles wird nach Ihren Wünschen und unseren Möglichkeiten für Sie angerichtet.

*VISA, Amex, Eurocard, EC*

*Täglich ab 11.00 Uhr geöffnet*

★★★★

## *Hotel & Restaurant »Zum Strandläufer« und Dependance »Die Muschel«*

*Dorfstraße 31*
*18347 Ostseebad Ahrenshoop*
*Tel. 038220-80779 · Fax -80152*
*www.zum-strandlaeufer.de*

Willkommen im Hotel »Zum Strandläufer« und der nur vier Meter entfernten Dependance »Die Muschel« im wunderschönen Ostseebad Ahrenshoop. In unmittelbarer Nähe unserer Häuser finden Sie kleine Geschäfte und Galerien. Der Kunstkaten sowie die Klanggalerie »Das Ohr« laden mit wechselnden Ausstellungen und Veranstaltungen ein.

Vom Hotel zum feinsandigen, weißen Ostseestrand sind es nur 50 Meter. Unser Restaurant, eingerichtet im Stil der Gründerzeit, vermittelt Ihnen mit seinem großen Kamin ein wohliges, heimisches Gefühl, sowie auf Grund der Dekorationen und Fotografien aus vergangenen Zeiten einen interessanten Aufenthalt. Die Suiten und Doppelzimmer im Hotel, zum Teil mit Bodden- und Seeblick, sind sehr komfortabel, großzügig und ebenfalls im Stil der Gründerzeit eingerichtet. Im Hotel integriert befindet sich eine Ferienwohnung, die ausreichend Platz für zwei bis vier Personen bietet.

Seien Sie die Perle in unserer Dependance »Die Muschel«. Die Dependance ist der organischen Form einer Muschel nachempfunden, hier finden Sie Doppelzimmer ganz individuell eingerichtet, mit Strandimpressionen bemalt und zum Teil mit Kitchenette und Terrasse ausgestattet.

Unser Küchenchef Jan Kopf und seine Crew bereiten nicht nur für das Fischland typische Gerichte zu. In hingebungsvoller Handarbeit werden die Speisen frisch zubereitet und angerichtet.

Wir freuen uns auf Ihren Besuch in einem von unseren Häusern.

*EC*

*täglich 11.00 - 22.00 Uhr geöffnet*

## Der Fischländer

Dorfstraße 47e
18347 Ostseebad Ahrenshoop
Tel. 038220-6950 · Fax -69555
www.hotelderfischlaender.de

*empfohlen durch die bekannten Gourmetführer*

Dieses familiengeführte Haus mit Reetdach verfügt über 29 Doppelzimmer und drei Suiten, davon viele mit Seeblick, Balkon oder Terrasse. Die Wohnräume sind behaglich und komfortabel im Landhausstil eingerichtet. TV, Radio, Telefon, Bad/Dusche, WC, Haartrockner und Internetanschluss sind selbstverständlich.

Das Hotelrestaurant prägt regionale und internationale Küche. Außerdem: Cocktailbar »TUTE«; Wellnessbereich mit Sauna, Solarium und Whirlwannen, Massagen oder Kosmetik; Tagungen bis ca. 30 Personen.

VISA, Eurocard/Mastercard, EC, Barzahlung

*Januar - Dezember täglich geöffnet*

# »Räucherhaus«

*Hafenweg 6*
*18347 Ostseebad Ahrenshoop*
*Tel. 038220-6946 · Fax -69481*
*www.raeucherhaus-ahrenshoop.de*

Restaurant und Fischladen »Räucherhaus« verdanken ihren Namen dem großen Räucherofen. Die rustikal eingerichtete Gaststube lässt auch in der kühlen Jahreszeit Gemütlichkeit aufkommen. Im Sommer lädt zusätzlich die Terrasse am Haus zum Verweilen ein. Schauräuchern und »Fisch warm aus dem Rauch« locken dann gleich nebenan.

Für zünftige Segeltörns auf dem Saaler Bodden liegen die Zeesboote »Sannert« und »Blondine« am Kai.

Seemannstipp: Unsere Ferienwohnungen für 2 bis 4 Personen im Althäger Hafen sind behaglich eingerichtet.

*EC*

*täglich geöffnet von 8.00 - 23.00 Uhr*

        KN  GS WK

Kunstkaten in Ahrenshoop

## Grand Hotel & SPA Kurhaus Ahrenhoop

*Schifferberg 24*
*18347 Ostseebad Ahrenshoop*
*Tel. 038220-678-0 · Fax 678-459*
*www.kurhaus-ahrenshoop.de*
*info@kurhaus-ahrenshoop.de*

Das Grand Hotel & SPA Kurhaus Ahrenshoop verwöhnt Körper, Geist und Sinne auf höchstem Niveau – zu jeder Jahreszeit. Die atemberaubende Landschaft des Fischland-Darß ist die ideale Kulisse, um die Seele baumeln zu lassen. Abseits vom Alltag bietet das Hotel ein Rundum-Paket der besonderen Art. Hier stehen die 4K –Körper, Kunst, Kultur und Kulinarik– im Fokus.

Kulinarisch verwöhnt werden die Gäste im Restaurant Herzog Bogislav, im großzügigen Panorama Bistro oder dem Literaturcafé.

Der Tag beginnt mit einem üppigen Frühstücksbüffet, mittags und abends zaubert die Küchencrew kulinarische Leckerbissen á la carte, als Menü oder Buffet. Nachmittags überrascht die hoteleigene Patisserie mit hausgemachten leckeren Torten und Kuchen bei einzigartigem Blick über die Ostsee.

In der Bar Weitblick, im 5. Stock, genießen die Gäste bei einem Cocktail die Abendsonne. Kunst und Kultur sind im Hotel nicht nur flüchtige Besucher, sondern feste Bestandteile des Hauses. Wohltuende Körperrituale erwarten die Gäste in den Räumlichkeiten für Beauty und Wellness – dem 3000 m² großen makani SPA. In der großzügig angelegten Saunalandschaft mit Schwimmbad kann man in angenehmer Atmosphäre entspannen. Wer sich sportlich betätigen möchte, findet neueste Fitnessgeräte im SPA-Bereich.

*VISA, AMEX, Eurocard/Mastercard, EC*

*ganzjährig geöffnet*

          gegen Gebühr

mit Anmeldung im Voraus

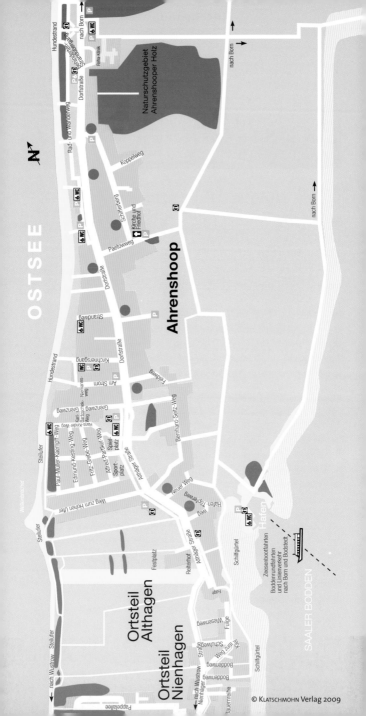

## Kulturelle Höhepunkte 2012 in Ahrenshoop

7.4.          Osterfeuer

2.6.          Kinderfest

21.6.         Mittsommernacht

22.-24.6.    Jazzfest

15.7.         Tonnenfest

20.-30.7.    Töpfermarkt

27./28.7.    Strandfest

4.8.          38. Kunstauktion mit hundert Werken
              von der Gründerzeit der Künstlerkolonie
              bis zur Gegenwardt.

8.-11.8.     Filmnächte

18.8.        Lange Nacht der Kunst

8.9.         Naturklänge

15. 9.       Fischerregatta am Hafen Althagen

4.-7.10.     Ahrenshooper Literaturtage

28.-30.12.   Wintervergnügen – von Jazz bis Klassik,
              heiße Getränke und Feuer zum Jahresausklang

**Kurverwaltung Ahrenshoop**

Kirchnersgang 2 · 18347 Ahrenshoop

Tel. 03 82 20-66 66 10 · Fax -66 66 29

www.ostseebad-ahrenshoop.de

E-mail: info@ostseebad-ahrenshoop.de

### Prerow – das ehemalige Seefahrer- und Fischerdorf

Schilfgedeckte Häuser in traditionell verträumter Bauweise und die Darßer Haustüren prägen noch heute das Ortsbild des ehemaligen Seefahrer- und Fischerdorfes. Die Umgebung Prerows ist wunderschön und malerisch. Der Darßwald im Westen und der wilde Weststrand bieten unvergessliche Natureindrücke. Und der feine, weiße Sandstrand sowie der Prerow-Strom, der sich durch breite Salzgraswiesen schlängelt, verleihen dem Ort seinen besonderen Charme. Prerow zählt heute zu den beliebtesten Ostseebädern. Das »Natureum« Darßer Ort ist eine Außenstelle des Deutschen Meeresmuseums Stralsund und gilt als einer der ältesten Leuchttürme an der deutschen Ostseeküste. Nicht nur der Ausblick vom 35 Meter hohen Turm ist prächtig, er beherbergt seit 1991 auch eine Ausstellung mit zahlreichen Tierpräparaten und Beschreibungen der Flora und Fauna der Darßlandschaft.

Die Seemannskirche Prerow ist eines der ältesten Baudenkmäler der Region. Der Turm der Seemannskirche wies den Seeleuten seit 1727 den Weg von der Ostsee in die Strommündung und zum Prerower Hafen. Das Darß-Museum Prerow wurde 1953 gegründet. Es liegt inmitten einer Parkanlage, und informiert umfassend von der Entstehung der Küstenlandschaft über die Segelschifffahrt bis hin zur Entwicklung zum Ostseebad.

Darßer Ort mit Leuchtturm

## Ostseehotel Waldschlösschen****

Bernsteinweg 9
18375 Ostseebad Prerow
Tel. 038233-6170 · Fax 617403
www.waldschloesschen-prerow.de

Inmitten des Nationalparks »Vorpommersche Boddenlandschaft« liegt unser familiengeführtes Hotel nur 300 Meter vom breiten, feinsandigen Nordstrand Prerows entfernt. Das Hotel verfügt u.a. über einem großzügigen Wellnessbereich mit Saunapark, Innenschwimmbad, Außenschwimmbad sowie einer Beauty- und Massageabteilung. Genießen Sie die Frischeküche im Restaurant Titania und eine hochwertige Küche im Restaurant & Probierladen »CP1« mit einzigartigem Weinkeller.

VISA,Eurocard/Mastercard, EC, Barzahlung

täglich: 17.30 - 22.00 Uhr

## »CP1«
### Bistro – Restaurant – Probierladen

Bernsteinweg 9 (Eingang Villenstraße)
18375 Prerow
Tel. 038233-6170
www.cp1-prerow.de

Tagsüber als Bistro für die kleine Mahlzeit zwischendurch für Radfahrer, Wanderer, Strandgänger – hier sind Sie bei uns an der richtigen Adresse. In unserem Probierladen bieten wir Ihnen Verkostung und Verkauf von regionalen Produkten aus Mecklenburg-Vorpommern an. Abends erwarten Sie kulinarische Highlights: in der Showküche erleben Sie die Kochkünste von Christian Reimers, am Chef's Table sitzen Sie direkt an der Küche und genießen die frischen Speisen sowie edlen Tropfen aus unserem Weinkeller.

VISA,Eurocard/Mastercard, EC, Barzahlung

Probierladen: Mo - So 13:00 - 17:00 Uhr
à la carte: Mi - So ab 18:00 - 22.00 Uhr

## »Binnen & Buten«
### Restaurant und Biergarten

Hauptübergang 2a
18375 Ostseebad Prerow
Tel. 038233-60188 · Fax -701162
www.binnen-un-buten.de

80 Meter von der Seebrücke entfernt und eingebettet im zauberhaften Dünen-
wald, erwartet Sie das gemütliche Restaurant »Binnen & Buten« sowie der idyl-
lisch gelegene Biergarten. Genießen Sie die einzigartige Atmosphäre unterm
Rohrdach und erleben Sie ein wenig Darßer Lebensart.
Lassen Sie sich von der kulinarischen Vielfalt des fangfrischen Fisches, regionalen
Fleischgerichten, frisch gezapftem Bier und leckerem Wein bei uns verwöhnen.
Überaus beliebt sind unsere Biergarten-Konzerte, unter anderem mit Peter Eidam,
die von Juni bis September montags und mittwochs, »Eintritt frei«, stattfinden.

*nur Barzahlung*

*ganzjährig täglich 12.00 - 22.00 Uhr*

## Voß's gute Stube

Villenstraße 6
18375 Ostseebad Prerow
Tel. 038233-60136
Fax 038233-709736
www.pension-voss-prerow.eu

Besuchen Sie unsere »Gute Stube« in einem fast original erhaltenen Ambiente
aus dem Anfang des vorigen Jahrhunderts. Umgeben von einem großen Garten
können Sie hier ohne Hast genießen. Bei uns wird von Mutter und Sohn nach traditionellen Familienrezepten selbst gekocht. Mit einer ehrlichen landschaftsbe-
zogenen Küche wollen wir Sie mit Fisch- und Fleischgerichten unserer Heimat
näher bekanntmachen. Vom »Zander mit Dillsauce« bis zum »hausgemachten
Labskaus« werden Sie uns in Erinnerung behalten und zu Hause berichten können.

*Eurocard, EC*

*Mittag: 12.00 - 14.00 Uhr; Abend: 18.00 - 21.00 Uhr*
*Dienstag Ruhetag; Reservierungen empfohlen*

## Teeschale Prerow
### Prerower Teestube & Laden

Waldstraße 50
18375 Ostseebad Prerow
Tel. 038233-60845 · Fax -60846
www.teeschale.de

Erleben Sie Darßer Lebensstil und Gemütlichkeit direkt am Nationalpark »Vorpommersche Boddenlandschaft«.

In unserem sorgsam renovierten, denkmalgeschützten Haus heißen wir Sie bei feinem losen Tee, Kaffee, Wein, selbstgebackenem Kuchen und kleinen Speisen herzlich willkommen.

Über 130 Teesorten, süße Leckereien, handgetöpferte Keramik und vieles andere mehr finden Sie in unserem Laden

EC

> Nov - März  Di - So 12.00 - 19.00 Uhr
> April - Okt täglich 12.00 - 22.00 Uhr

### Kulturelle Höhepunkte 2012 in Prerow

| | |
|---|---|
| 6.1.-1.2. | Darßer Bernsteinwoche |
| 18.2. | Fastnachts-Tonnenabschlagen |
| 7.4. | Ostern im Kulturkaten Kiek In |
| 7.4. | Osterfeuer; Nordstrand an der Seebrücke |
| 22.4. | 7. Darß-Marathon durch Wieck, Prerow, Ahrenshoop, Born |
| 5./6.5. | Prerower Talente |
| 31.12. | »Zeitsprung« Silvester in Prerow, Hauptübergang an der Seebrücke |

# WEINPRINZESSIN
# Mecklenburg-Vorpommern

## Berufswettbewerb der Extraklasse

Der landesweite Berufswettbewerb mit einer Dauer von fast 6 Monaten, gefüllt mit Seminaren und Prüfungen zum Thema Wein, Kommunikation, Präsentation und Allgemeinwissen fördert den Berufsnachwuchs in Hotels und Restaurants unseres Tourismuslandes. Auszubildende des ersten und zweiten Ausbildungsjahres bewerben sich um die Krone der Weinprinzessin, um ein Jahr lang Mecklenburg-Vorpommern, die gute Ausbildungsarbeit und ihren Ausbildungsbetrieb zu präsentieren.

Wein bzw. Weinservice als ein Zeichen guter und gepflegter Gastlichkeit wird auf diese Weise thematisiert und fördert die Qualität unserer Branche. Ein guter Grund, diese jungen leistungsstarken Nachwuchskräfte zu motivieren und zu unterstützen. Vielleicht treffen Sie die Weinprinzessin Mecklenburg-Vorpommern bei einer Veranstaltung innerhalb oder auch außerhalb unseres schönen Bundeslandes.

Informationen unter: www.weinprinzessin-mecklenburgvorpommern.de

## Fischgaststätte »Rennhack«

Waldstraße 2
18375 Ostseebad Prerow
Tel. 038233-60989 · Fax -69104
www.prerow-rennhack.de

Die Fischgaststätte liegt direkt an der Hauptstraße in Prerow, einem alten Fischerdorf. Sie bietet ihren Gästen ca. 60 Plätze auf zwei Etagen mit einer Garten- und Dachterrasse in gemütlicher Atmosphäre. Damit sich unsere Gäste wohl fühlen und zufrieden sind, dreht sich alles um frischen Fisch direkt von Fischern unserer Region. Aus langjähriger familiärer Fischereierfahrung verarbeiten wir den frischen Fisch zu köstlichen traditionellen Darßer Fischegrichten z.B. Dorschleber, Rogen und Räucherfisch aus der hauseigenen Räucherei.

Wir dürfen uns freuen, Sie als Gast begrüßen zu dürfen. Ein Besuch lohnt sich!

*Barzahlung, EC*

> *ganzjährig geöffnet · täglich 11.30 - 22.00 Uhr*

## Seegasthof und Hotel »Am Hafen«

Lange Straße 2
18375 Ostseebad Prerow
Tel. 038233-328 oder 0170-5210146
www.seegasthof.de

In unserem Haus, dem ältesten Hotel Prerows, genießen Sie Ihren Urlaub in gemütlicher Atmosphäre und liebevoll eingerichteten Zimmern. Wir erwarten Sie gern in unserem maritimen Restaurant mit regionaler Küche und täglich frischem Fischangebot. Lassen Sie sich in unseren nostalgisch gestalteten Gasträumen in die Illusion versetzen, an Bord eines Dampfschiffes zu verweilen.

*VISA, AMEX, DINERS,*
*Eurocard/Mastercard, EC, Barzahlung*

> *täglich ab 12.00 Uhr*

        DIÄT

       Bootsanlegestelle
gegenüber am Hafen

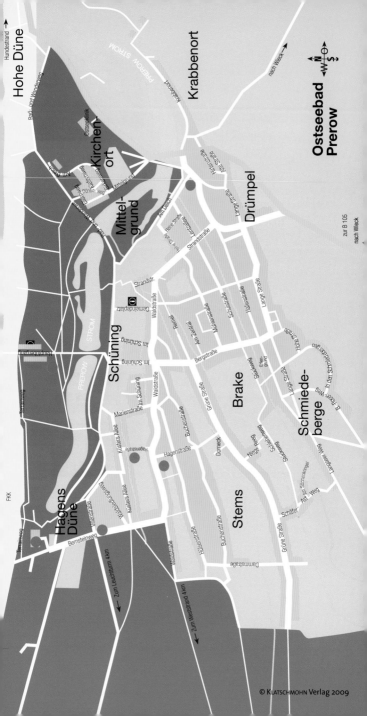

Ostseebad
Prerow

Hohe Düne

Hundestrand

Krabbenort

Kirchen-
ort

Mittel-
grund

Drümpel

zur B 105
nach Wieck

nach Wieck

PREROW STROM

Schüning

Brake

Schmiede-
berge

Stems

Hagens
Düne

FKK

Zum Leuchtturm 4 km

Zum Weststrand 4 km

Bernsteinweg

Strandstraße

Waldstraße

Bergstraße

Grüne Straße

Hagenstraße

Buchenstraße

Hülsenstraße

Dammstraße

Marienstraße

im Schüning

Lange Straße

Hafenstraße

Schulstraße

Mühlenstraße

Alt-Zeesal

Düneck

Schäfer

Grüne Straße

© KLATSCHMOHN Verlag 2009

Luftaufnahme vom Ostseebad Prerow mit West- und Nordstrand

## Das Ostseeheilbad Zingst

Das Ostseeheilbad Zingst ist die östlichste Gemeinde der reizvollen Halbinselkette Fischland/Darß/Zingst. Es ist seit 2002 Seebad und hat mehr Sonnentage im Jahr als andere Orte an der Ostseeküste. Dank des doppelten Wasserangebotes von Meer im Norden und Bodden im Süden bietet es eine erstaunliche maritime Vielfalt in Natur, Kultur und Sport. Wasser und Wettbewerb gehören hier schon lange zusammen. Lohnenswerte Besuchertipps sind daher die zahlreichen maritimen Veranstaltungen. Der erste Höhepunkt im Jahr ist das inzwischen international anerkannte Fotofestival »Horizonte«. Es findet seit 2008 zwischen Mai und Juni statt.

Dann schließt sich im Juni mit das traditionelle Hafenfest mit Netz- und Zeesbootregatta sowie der Sprintcup im Kutterrudern (15.-17.06.2012) an. Drei Tage lang steht der Zingster Hafen ganz im Zeichen der traditionellen Fischerboote mit den braunen Segeln. In drei Klassen wird mit großem Einsatz Richtung Barther Bodden gesegelt. Die liebevoll gepflegten Boote bilden eine einmalige Kulisse aus braunen Segeln am Horizont. Ebenso wichtig und traditionsreich ist das Treffen der Shantychöre, welches vom 7. bis 9. September 2012 zum 14. Mal stattfindet. Die Freunde maritimer Lieder treffen sich hier jährlich am zweiten Wochenende im September auf der Freilichtbühne am Kurhaus.

Auf der Seebrücke Zingst

Auf dem Zingst finden sich endlose feinsandige Strände und eine einmalige, nahezu unberührte Naturlandschaft, die auf dem sehr gut ausgebauten Rad- und Wanderwegenetz zu Erkundungstouren einlädt. Ein anspruchsvolles Kulturprogramm für Jung und Alt sowie aktive Erholung mit vielfältigen Sportangeboten am Zingster Sportstrand runden das Urlaubserlebnis in Zingst ab.

Die Strandpromenade ist eine gepflegte Flaniermeile, die mit bunten Schaufenstern zwischen Seebrücke und Hafen zum Bummeln einlädt. Für Ihr leibliches Wohl wird in den zahlreichen Restaurants, Kneipen und Cafés des Ortes bis weit in die Abendstunden gesorgt.

Die wohltuende reine Seeluft, die Heilkraft des klaren Meerwassers und das milde Reizklima machen Zingst zu einem vielfältigen Ostseeheilbad. Egal, ob als Gast in der Kurklinik oder auf dem Campingplatz, hier lässt sich ausgiebig Kraft tanken und rundum genießen.

Zingst ist auch ein Naturparadies der besonderen Art. Im Frühjahr und besonders im Herbst rasten hier tausende Kraniche auf ihrem Weg in die Winterquartiere im Süden. Sie verwandeln den Nationalpark »Vorpommersche Boddenlandschaft« in ein wahres »Kranichland« und bieten ein atemberaubendes Naturschauspiel. Vom Beobachtungspunkt Pramort, einem großen Weißdünenfeld auf dem Ostzingst, dürfen Besucher unter Anleitung (im Naturschutzgebiet) die sensiblen Großvögel hautnah beobachten.

Das Kurhaus an der Seebrücke ist Sitz der Kurverwaltung

## Kurhausrestaurant
### im Kurhaus
### an der Seebrücke

Seestraße 57
18374 Ostseeheilbad Zingst
Tel. 038232-81576 · Fax -81577
*kurhausrestaurant@zingst.de*
*www.zingst.de*

Einzigartig gelegen ist das Kurhausrestaurant – direkt auf der Düne neben der Seebrücke. Im behaglichen, maritimen Ambiente kann man einen traumhaften Blick auf das Meer genießen.

Das Restaurant bietet 100 Gästen Platz. Im Kranichzimmer können bis zu 22 Gäste separat essen und feiern.

Eine abwechslungsreiche Speisekarte lässt jeden etwas finden. Leckerer Ostseefisch, regionale Spezialitäten und knackige Salate sind die »Renner«.

Hausgebackener Kuchen, Kaffee und ein umfangreiches Teeangebot locken nachmittags zum Genießen. Bei schönem Wetter auch auf der sonnigen Terrasse, die über 60 windgeschützte Plätze verfügt.

Nach dem Strandtag oder dem Spaziergang am Bodden lässt sich bei einem schönen Glas Wein der Sonnenuntergang so richtig im Kurhausrestaurant genießen.

*EC, VISA, MasterCard, Maestro*

*Juli - August 11.00 - 23.00 Uhr*
*September - Juni 11.00 - 22.00 Uhr*

## Kulturelle Höhepunkte 2012 in Zingst

| | |
|---|---|
| 24.3. | Lichtertanz der Elemente, Seebrücke Zingst |
| 6.-9.4. | 1. Zingster Klaviertage |
| 26.5.-3.6. | »horizonte Zingst« Umweltfotofestival |
| 15.-17.6. | Hafenfest mit Netz- und Zeesbootregatta, Zingster Hafen |
| 3./4.7. | »Mambusco« Bilderbuchtage |
| 20.7. | Die Sandmann-Mitmach-Show |
| 25.7.-23.8. | RumpelStil in Zingst |
| 2.8. | Taschenlampenkonzert |
| 17.-19.8. | 19. Kunstmagistrale |
| 3.9. | Swing Dance Orchestra |
| 7.-9.9. | 14. Treffen der Shantychöre zu Ehren von Martha Müller-Grählert, Freilichtbühne Zingst |
| 26.-30.9. | Darßer Naturfilm-Festival |
| 6./7.10. | Nationalparktage Zingst, Schlösschen Sundische Wiese |

**Kur- und Tourismus GmbH**
Seestraße 56/57
18374 Ostseeheilbad Zingst
Tel. 03 82 32-81 50 · Fax -8 15 25
info@zingst.de · www.zingst.de

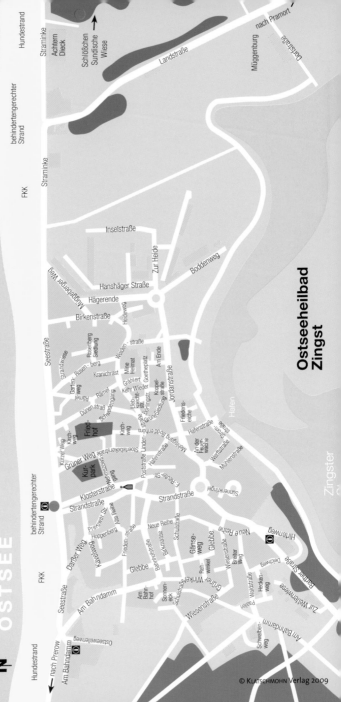

## Zeichenerklärung:

 barrierefrei

 Nichtraucher

 Parkplatz

 Busparkplatz

 Garage

 Transfer

 Restaurant

 Café

 Frühstück

 Vegetarische Kost

 Diät

 Gruppen

 Haustiere erlaubt

 keine Haustiere

 Fitnessraum

 Konferenzraum

 Sauna

 Schwimmbad

 Solarium

 Whirlpool

 Fahrräder

 Waschmaschine

 TV

 Telefon

 Sonnenterrasse

 Liegewiese

 Balkon

 Dusche

 Kochnische

 Geschirrspüler

 Wohnküche

 Fahrstuhl

 Bootsanlegestelle

 Golfplatz

 W-Lan

 Hot Spot

Deutscher Wellness Verband

## Alphabetisches Verzeichnis

**Barth**   Hotel Speicher Barth . . . . . . . . . . . . .Am Osthafen . . . . . . . . . . .038231/63300

Boddenkieker . . . . . . . . . . . . . . . . . .Am Westhafen 10 . . . . . . . .038231/66330

Pub De Smuggler . . . . . . . . . . . . . . .Hafenstraße 19 a . . . . . . . .038231/450524

Café & Cocktailbar . . . . . . . . . . . . . .

Jambolaya . . . . . . . . . . . . . . . . . . . .Fischereipier . . . . . . . . . . .038231/450409

Restaurant Jorgos . . . . . . . . . . . . . .Zingster Str. 1 . . . . . . . . . .038231/89573

Pommernhotel . . . . . . . . . . . . . . . . .Divitzer Weg 2 . . . . . . . . . .038231/45580

**Bastorf**  Gutshof Bastorf . . . . . . . . . . . . . . . .Kühlungsborner Str. 1 . . . . . .038293/6450

**Bentwisch**

Hotel An der Hasenheide . . . . . . . . . .An der Hasenheide 1 . . . . . . . .0381/6543

Land-gut-Hotel Hermann . . . . . . . . . .Albertsdorf Haus 13 . . . . . .0381/6667666

**Blowatz**  Hotel Schäfereck . . . . . . . . . . . .Am Schäfereck 1 . . . . . . . . .038427/2910

Ostsee Gästehaus . . . . . . . . . . . . . .Hauptstr. 5 . . . . . . . . . . . . .038427/269

**Bodstedt**  Pension Boddenperle . . . . . . . . . . . .Damm 17 a . . . . . . . . . . .038231/45861

Restaurant Boddenstübchen . . . . . . .Zur Kranichweide 7 . . . . . .038231/888105

**Boltenhagen**

Seehotel Großherzog

von Mecklenburg . . . . . . . . . . . . . . .Ostseeallee 1 . . . . . . . . . . . . .038825/500

Iberotel Boltenhagen . . . . . . . . . . . .Baltische Allee 1 . . . . . . . . . .038825/3840

Gutshaus Redewisch . . . . . . . . . . . .Dorfstr. 46 . . . . . . . . . . . . . .038825/3760

La Trattoria  Restaurant . . . . . . . . . .Dünenweg 6 . . . . . . . . . . .038825/37833

Pizzeria La Sergio . . . . . . . . . . . . . .Dünenweg 1E . . . . . . . . . .038825/37101

Deichläufer . . . . . . . . . . . . . . . . . . .Dünenweg 6 . . . . . . . . . . .038825/29945

Pension Zum Michel . . . . . . . . . . . . .Klützer Str. 4 a . . . . . . . . . . .038825/3170

Dorfhotel Boltenhagen . . . . . . . . . . .Mecklenburger Allee 1 . . . . . .038825/3840

Hellas Griechisches Restaurant . . . . .Mittelpromenade 5 . . . . . . . .038825/29367

Pizzeria Da Capo . . . . . . . . . . . . . . .Ostseeallee 48 . . . . . . . . . .038825/21028

Hotel & Restaurant John Brinckman . . .Mittelpromenade 24 . . . . . . . .038825/400

Rest. Hotel Villa Seebach . . . . . . . . . .Mittelpromenade 28 . . . . . . .038825/3150

Likedeeler Bar/Restaurant . . . . . . . . .Mittelpromenade 33 . . . . . .038825/37803

Eichkater . . . . . . . . . . . . . . . . . . . .Mittelpromenade 59a . . . . . .038825/29673

Zur Seebrücke . . . . . . . . . . . . . . . . .Mittelweg 6 . . . . . . . . . . . .038825/29288

Pension Haus Seefrieden . . . . . . . . . .Ostseeallee 30 . . . . . . . . . . .038825/3350

Restaurant Valentino . . . . . . . . . . . .Ostseeallee 48 . . . . . . . . . .038825/26824

Fischrestaurant Blinkfür . . . . . . . . . . .Ostseeallee 64 . . . . . . . . . .038825/22114

Hotel Pension Kühne . . . . . . . . . . . . .Ostseeallee 92 a . . . . . . . . .038825/37080

Restaurant Zur Düne . . . . . . . . . . . . .Strandpromenade 15 . . . . . .038825/29869

Pension Lindenhof . . . . . . . . . . . . . .Tarnewitzer Dorfstr. 24 . . . . . .038825/3190

## Born/Darß

Gasthaus am Koppelstrom . . . . . . . . .Chausseestr. 11 . . . . . . . . . . . .038234/367

Bio-Pension & Rest. Walfischhaus . . . .Chausseestr. 74 . . . . . . . . . . .038234/55784

Restaurant »Rieming« . . . . . . . . . . . .Chausseestr. 97 . . . . . . . . . . . .038234/240

Restaurant & Pension Seekiste . . . . . .Im Moor 13 . . . . . . . . . . . . . . .038234/241

Restaurant Mühlenstube . . . . . . . . . .Nordstr. 25 . . . . . . . . . . . . . . .038234/472

Restaurant »Zur Linde« . . . . . . . . . . .Nordstr. 5 . . . . . . . . . . . . . . . .038234/237

Pension Bienenhaus . . . . . . . . . . . . .Rosengang 7 . . . . . . . . . . . . . .038234/205

## Börgerende

Fischerhütte Sunnus . . . . . . . . . . . . .Deichstr. 2 . . . . . . . . . . . . . . .038203/81823

Restaurant »Bella Vista« . . . . . . . . . . .Deichstr. 18 . . . . . . . . . . . . . .038203/84847

Restaurant Ostseestern . . . . . . . . . . .Seestr. 34 . . . . . . . . . . . . . . .038203/81266

Pension & Restaurant Fachwerk . . . . .Seestr. 38 . . . . . . . . . . . . . . .038203/82248

Restaurant Zum Fasan . . . . . . . . . . .Seestr. 43 . . . . . . . . . . . . . . .038203/81555

Ostseepension Windflüchter . . . . . . . .Seestr. 51a . . . . . . . . . . . . . .038203/40086

Ostseepension

»Zum Rosengarten« . . . . . . . . . . . .Seestr. 56 . . . . . . . . . . . . . . .038203/81653

Pension Franziska . . . . . . . . . . . . . . .Seestr. 69a . . . . . . . . . . . . . .038203/80599

Strandschloss Arielle . . . . . . . . . . . . .Seestr. 83 . . . . . . . . . . . . . .038203/776980

## Broderstorf

Landgasthof Broderstorf . . . . . . . . . .Rostocker Str. 18 . . . . . . . . .038204/15230

**Brook** Gut Brook . . . . . . . . . . . . . . . . . . . . .Dorfstraße 1 . . . . . . . . . . . .038827/80125

**Cammin** Walters Gasthaus . . . . . . . . . . . . . . .Gubkower Str. 14 . . . . . . .038205/13522

**Dändorf** Gaststätte & Pension

Am Wiesengrund . . . . . . . . . . . . . . .Dorfstr. 15 . . . . . . . . . . . . .038226/80461

**Dassow** Gaststätte Peters Wappenkrug . . . . . .Brennereiweg 17 . . . . . . . . .038826/88288

Restaurant Alte Sattlerei . . . . . . . . . .Friedensstr. 24 . . . . . . . .038826/80607

Gasthaus Lütgenhof . . . . . . . . . . . . .Herrmann-Liztendorf-Str. 19 . .038826/86694

Schloß Lütgenhof . . . . . . . . . . . . . . .Ulmenweg 10 . . . . . . . . . . .038826/8250

## Dierhagen

| | | |
|---|---|---|
| Gaststätte Meeresrauschen | Am Badesteig 8a | 038226/53608 |
| Boddenblick | Am Hafen | 038226/80166 |
| Strandhaus Orange Blue | Am Plateau 2 | 038226/53784 |
| Haus Windhook | Amselweg 4 | 038226/80494 |
| Hotel-Restaurant Blinkfüer | A.d.Schwedenschanze 20 | 038226/53570 |
| Strandhotel Dünenmeer | OT Neuhaus/Birkenallee 20 | 038226/5010 |
| Strandhotel Fischland | Ernst-Moritz-Arndt-Str. 6 | 038226/520 |
| Fischerstübchen | Kirchstr. 3 | 038226/80212 |
| Taun Dörpkraug | Kirchstr. 8 | 038226/235 |
| Gasthaus & Pension Stocker | Neue Str. 6 | 038226/5080 |
| Restaurant Am Moor | Peter-Jahnke-Str. 3 | 038226/265 |
| Restaurant Schipperhus | Strandstr. 6 | 038226/80211 |
| Pfannkuchenhaus | Waldstr. 4 | 038226/80464 |
| Ostseehotel | Wiesenweg 1 | 038226/510 |
| Pension »Haus am See« | Zur Bockwiese 3 | 038226/5060 |

## Dorf Mecklenburg

| | | |
|---|---|---|
| Pension »Meckelbörg« | Bahnhofstr. 42 | 03841/790557 |
| Hotel & Rest. Mecklenburger Mühle | Dorf Mecklenburg | 03841/3980 |
| Gaststätte »Am Mühlengrund« | Karl-Marx-Str. 12 | 03841/796441 |

## Dummerstorf

| | | |
|---|---|---|
| Dummerstorfer Mühlenstuben | An der B 103 | 038208/317 |

## Ehmkendorf

Wildkräuterhotel

| | | |
|---|---|---|
| Gutshaus Ehmkendorf | Dorfstr. 20 | 038228/61410 |

## Elmenhorst

| | | |
|---|---|---|
| Pension Elmenhorst | Hauptstr. 84 | 0381/1287281 |

## Gägelow Best Western Grand City Hotel

| | | |
|---|---|---|
| Gägelow Best Western Grand City Hotel | Bellevue 15 | 03841/6600 |

## Graal-Müritz

| | | |
|---|---|---|
| Caféstübchen und Pension Witt | Am Tannenhof 2 | 038206/77221 |
| Restaurant Hermes | Bahnhofstr. 14 | 038206/13904 |
| Restaurant im Aquadrom | Buchenkampweg 9 | 038206/87900 |
| Hotel Villa Edda | Fritz-Reuter-Str. 7 | 038206/1530 |

| | | |
|---|---|---|
| Hotel Heiderose garni | Kurstr. 15 | 038206/1410 |
| Deutsches Haus | Kurstr. 30 | 038206/77521 |
| Pizzeria Alte Mühle | Lange Str. 18c | 038206/79254 |
| Restaurant China Garten | Lange Str. 36 | 038206/77637 |
| Strandlokal Zur Boje | Mittelweg 1a | 038206/14926 |
| Hotel Waldperle | Parkstr. 9 | 038206/1470 |
| Villa Strandkorb | Strandstr. 10 | 038206/7000 |
| Strandhotel Deichgraf | Strandstr. 61 | 038206/138413 |
| Seehotel Düne | Strandstr. 64 | 038206/13990 |
| Strandhus | Strandstr. 65 | 038206/74866 |
| IFA Hotel Graal-Müritz | Waldstr. 1 | 038206/730 |
| Hotel/Restaurant Kähler | Zur Seebrücke 18 | 038206/79806 |
| Hotel Störtebecker | Zur Seebrücke 22 | 038206/149933 |
| Haus Waldesblick | Zur Seebrücke 24 | 038206/77353 |
| Strandhotel | Zur Seebrücke 28 | 038206/88606 |
| AKZENT Hotel Residenz | Zur Seebrücke 34 | 038206/74470 |
| Hotel Ostseewoge | Zur Seebrücke 35 | 038206/710 |
| Pension & Restaurant Haus am Meer | Zur Seebrücke 36 | 038206/7390 |

## Gramkow

| | | |
|---|---|---|
| Gutshaus Gramkow | Altes Gutshaus 1 | 038428/64647 |

## Grevesmühlen

| | | |
|---|---|---|
| Café & Grillrestaurant | Am Bleicherberg | 03881/711016 |
| Pavillion am Lustgarten | Am Lustgarten | 03881/759730 |
| Seeschlösschen Restaurant und Café | Am Ploggensee 7 | 03881/716000 |
| Gasthof »Altes Rathaus« | August-Bebel-Str. 1 | 03881/75880 |
| Pizzeria La Perla | August-Bebel-Str. 18 | 03881/714973 |
| Griechisches Restaurant Athen | Bahnhofstr. 74 | 03881/2827 |
| China-Restaurant Dong Fang Schön | Bahnhofstr. 92 | 03881/2264 |
| Pension Rabe | Dorfstr. 3 | 03881/711494 |
| Pension Seba | Große Alleestr. 51-53 | 03881/755810 |
| Ringhotel Hotel am See | Klützer Str. 17A | 03881/7270 |
| Hotel bei der Malzfabrik | Lübecker Str. 20 | 03881/78090 |
| Pension Café Körner | Wismarsche Str. 32 | 03881/717000 |

## Groß Schwansee

| | | |
|---|---|---|
| Schlossgut Groß Schwansee | Am Park 1 | 038827/88480 |

**Groß Strömkendorf**

    Phönix Hotel Schäfereck . . . . . . . . . . .Am Schäfereck 1 . . . . . . . .038427/40660

**Hamberge**

    Pension Rabe . . . . . . . . . . . . . . . . .Dorfstr. 3 . . . . . . . . . . . . . .03881/711494

**Heiligendamm**

    Grand Hotel . . . . . . . . . . . . . . . . . .Kühlungsborner Str. 4 . . . . . . .038203/7400

    »Herzoglicher Wartesaal« . . . . . . . . . .Bahnhof Heiligendamm . . . . .038203/41515

**Hohen
Schönberg**

    Ostseehotel Klützer Winkel . . . . . . . . .Kalkhorster Str. 5 . . . . . . . . .038827/8870

**Hohen
Wieschendorf**

    Golfhotel Hohen Wieschendorf . . . . . . .Am Golfplatz 1 . . . . . . . . . . . .038428/660

**Insel Poel**

    Gaststätte »Poeler Hafen Pavillon« . . . .Am Hafen 1 . . . . . . . . . . . . .038425/20985

    Kröning's Fischbaud . . . . . . . . . . . . .Am Hafen OT Kirchdorf . . . . .038425/20341

    Hotel Schäfereck . . . . . . . . . . . . . . .Am Schäfereck 1

                                   OT Strömkendorf . . . . . . . . 038427/40660

    Strandperle . . . . . . . . . . . . . . . . . .Am Strand . . . . . . . . . . . .038425/20712

    Traditionshaus Seeblick . . . . . . . . . . .An der Promenade 1a . . . . . .038425/42549

    Pension Fischer . . . . . . . . . . . . . . .Brandenhusen Nr. 5 . . . . . . .038425/20519

    Pension »Zur Bündnerei« . . . . . . . . . .Dorfstr. 5 OT Weitendorf . . . .038425/42183

    »Pizza Po(e)l« . . . . . . . . . . . . . . . .Gemeindezentrum 13

    . . . . . . . . . . . . . . . . . . . . . . . . . .OT Kirchdorf . . . . . . . . . . .038425/21801

    Inselhotel Poel . . . . . . . . . . . . . . . .Haus Nr. 6 . . . . . . . . . . . . . .038425/240

    Ostsee-Gästehaus . . . . . . . . . . . . . .Hauptstr. 5 OT Blowatz . . . . . .038427/269

    Restaurant »Stilbruch« . . . . . . . . . . .Haus Nr. 15 OT Gollwitz . . .038425/42246

    Pension Schwartz . . . . . . . . . . . . . .Haus Nr. 23 OT Gollwitz . . . .038425/20312

    Pension »Zur Kirchsee« . . . . . . . . . . .Möwenweg 3 . . . . . . . . . . .038425/20397

    Hotel-Restaurant Seemöwe . . . . . . . .Möwenweg 7 . . . . . . . . . . . .038425/4070

    Poeler Forellenhof . . . . . . . . . . . . . .Nr. 13 OT Niendorf . . . . . . . .038425/4200

    Pension »Im Park« . . . . . . . . . . . . . .Park Nr. 5

    . . . . . . . . . . . . . . . . . . . . . . . . . .OT Weitendorf-Hof . . . . . . .038245/20376

    »Zur Düne« . . . . . . . . . . . . . . . . . .Promenade 41 a . . . . . . . . .038425/20294

    Haus Seeblick . . . . . . . . . . . . . . . . .Schwarzer Busch 1 . . . . . . .038425/42549

Poeler Piratenland . . . . . . . . . . . . . . .Sonnenweg 15 . . . . . . . . . .038425/42900

Gaststätte »Am Sportplatz« . . . . . . . . .Strandstraße 8

. . . . . . . . . . . . . . . . . . . . . . . . . . . .OT Kirchdorf . . . . . . . . . . .038425/20296

Zur Poeler Kogge . . . . . . . . . . . . . . .Timmendorf Strand 13a . . . .038425/20251

Pension Möller's Krug . . . . . . . . . . . . .Wangern 1 . . . . . . . . . . . . .038425/20983

Appartementhotel Insel Poel-Gutspark .Wangern 17 . . . . . . . . . . . . .038425/4440

Wirtshaus Steinhagen . . . . . . . . . . . . .Wangern 17a . . . . . . . . . . .038425/21295

Inselhotel Poel Sport- u. FreizeitAnl. . . . . . . . . . . . . . . . . . . . . . . . . . .038425/240

Gaststätte Reiterhof . . . . . . . . . . . . . . . . . . . . . . . . . . . . . . . . . . . . .038425/20780

Gasthaus »Zur Insel« . . . . . . . . . . . . .Wismarsche Str. 19 . . . . . . .038425/42615

## Kägsdorf

Pension »Zum Riedensee« . . . . . . . . .Zum Rieden 3 . . . . . . . . . . .038293/12708

## Kalkhorst

Hotel Schloss Kalkhorst . . . . . . . . . . .Am Park 5 . . . . . . . . . . . . 038827/507678

Restaurant Kiek in . . . . . . . . . . . . . . .Friedensstr. 24 . . . . . . . . . . . .038827/227

## Kavelstorf

Pension Drews . . . . . . . . . . . . . . . . .Dammer Str. 11 . . . . . . . . . .038208/60641

Griebnitzer Landkrug . . . . . . . . . . . . .Dummerstorfer

. . . . . . . . . . . . . . . . . . . . . . . . . . . .Chaussee 5 . . . . . . . . . . . .038208/82963

## Klein
## Pravtshagen

Hotel & Restaurant Baumhaus . . . . . . .Klützer Str. 7 . . . . . . . . . . . . .038827/264

## Klütz

Restaurant Klützer Mühle . . . . . . . . . .An der Mühle 35 . . . . . . . .038825/22102

Landhaus Klützer Eck . . . . . . . . . . . . .Im Kaiser 12 . . . . . . . . . . .038825/29319

## Kritzow

Hotel Aridus . . . . . . . . . . . . . . . . . . .Rüggower Weg 17 . . . . . . . . .03841/2320

Die Weinscheune . . . . . . . . . . . . . . .Wilsener Str. 1 . . . . . . . . . .038207/74701

## Kröpelin

»Zum Stadtholz« . . . . . . . . . . . . . . . .Am Stadtholz 3 . . . . . . . . .038292/820570

Gaststätte »Zum Raben« . . . . . . . . . .Bützower Str. 98 . . . . . . . . . . .038292/328

Gästehaus Am Radweg . . . . . . . . . . .Chaussee 8 . . . . . . . . . . . . .038292/7794

M's Brutzel . . . . . . . . . . . . . . . . . . . .Lindenstr. 28 . . . . . . . . . . .038292/79441

Gaststätte »Giebelstube« . . . . . . . . . .Rostocker Str. 27 a . . . . . . . .038292/613

## Kühlungsborn

| | | |
|---|---|---|
| Restaurant VIELMEER | Am Hafen 4 | 038293/41741 |
| Montalbano | Am Hafen 5 | 038293/432439 |
| Heuherberge Bruhnshöver Möhl | An der Mühle 3 | 038293/937 |
| Sailer's Inn | Anglersteig 2 | 038293/14026 |
| Villa Ludwigsburg | Doberaner Str. 34 | 038293/8590 |
| Hotel von Jutrzenka | Dünenstr. 1 | 038293/8560 |
| Hotel »Zur Sonne« | Dünenstr. 9 a | 038293/60640 |
| Hotel Möwe | Dünenstr. 13 | 038293/820 |
| Tagungs- u. Ferienhotel EDISON | Dünenstr. 15 | 038293/420 |
| Ostseehotel Scandinavia | Fr.-Borgwardt-Str. 1 | 038293/6440 |
| Pension Lotte | Fr.-Borgwardt-Str. 12 | 038293/17303 |
| Fischerkrug | Fr.-Borgwardt-Str. 12 | 038293/17303 |
| Pension »Kühlungsblick« | Grüner Weg 1 | 038293/12005 |
| Morada Resort | Hafenstr. 2 | 0800/1231212 |
| Hotel Poseidon | Herrmannstr. 6 | 038293/89280 |
| Hotel Nordwind | Hermannstr. 23 | 038293/7207 |
| Hotel Aquamarin | Hermannstr. 33 | 038293/4020 |
| Pub Nr. ONE | Hermannstr. 33 | 038293/4020 |
| Hotel Esplanade | H.-Häcker-Str. 44 | 038293/8350 |
| Molli's Lo(c)kschuppen | Karl-Risch-Str. 12 | 038293/432490 |
| Landhaus Brückner | Kliffstr. 1 | 038203/81896 |
| Pension Jasmin | Ostseeallee 1 | 038293/6420 |
| Beauty Vital Residenz | Ostseeallee 3 | 038293/43260 |
| Hotel Strandperle | Ostseeallee 4 | 038293/8790 |
| Haus am Meer | Ostseeallee 5 | 038293/4070 |
| Ringhotel Strandblick | Ostseeallee 6 | 038293/633 |
| American Steakhouse Ribs & Bones | Ostseeallee 7 | 038293/88609 |
| Europa Hotel Kühlungsborn | Ostseeallee 8 | 038293/880 |
| Hotel Vier Jahreszeiten | Ostseeallee 10 – 12 | 038293/81000 |
| Strandhotel Sonnenburg | Ostseeallee 15 | 038293/8390 |
| Hotel WESTFALIA | Ostseeallee 17 | 038293/43490 |
| Hotel Polarstern | Ostseeallee 24 | 038293/8290 |
| Strand-Hotel Nordischer Hof | Ostseeallee 25 | 038293/89290 |
| Morada Hotel Arendsee | Ostseeallee 30 | 0800/1232626 |
| Hotel-Pension Seeblick | Ostseeallee 31 | 038293/8430 |
| Aparthotel Am Weststrand | Ostseeallee 38 | 038293/8480 |
| Gaststätte »Am Hafen« | Östl. Hafenpromenade | 038293/13125 |
| Aparthotel Villa Konzertgarten | Ostseeallee 12 | 038293/81000 |
| Hotel Ostseestern | Ostseeallee 13 | 038293/41010 |

| | | |
|---|---|---|
| Hotel am Strand | Ostseeallee 16 | 038293/800 |
| Hotel Verdi | Ostseeallee 26 | 038293/8570 |
| »Zur Reuse« | Ostseeallee 31 | 038293/8430 |
| Pension Wotan | Ostseeallee 42 | 038293/87780 |
| Hotel Schweriner Hof | Ostseeallee 46 | 038293/790 |
| Gaststätte »Zum harten Törn« | Ostseeallee 46 a | 038293/6192 |
| Hotel Rosenhof | Poststr. 18 | 038293/786 |
| Gaststätte Kühlungsblick | Reriker Str. 35a | |
| Hotel- & Apartments Röntgen, | | |
| Apartmenthotel | Strandstr. 30a | 038293/78136 |
| Neptun Hotel & Restaurant | Strandstr. 37 | 038293/630 |
| Ostsee Brauhaus | Strandstr. 41 | 038293/4060 |
| Pension Muttis gute Stube | Schloßstr. 42 | 038293/6117 |
| Strandkate | Strandpromenade 3 | 038293/7670 |
| Strand-Corso | Strandpromenade 23 | 038293/13838 |
| Gallo Nero | Strandstr. 39 | 038293/43366 |
| »Fisch-Land« | Strandstr. 42 | 038293/14753 |
| Hotel-Pension Zur Traube | Strandstr. 49 | 038293/12628 |
| Hotel Wilhelmine | Strandstr. 53 | 038293/8090 |
| Restaurant Seepferdchen | Strandstr. 42 | 038203/84600 |
| Hotel-Residenz Waldkrone | Tannenstr. 4 | 038293/400-0 |
| Rossini | Unter den Kolonnaden 2 | 038293/43640 |
| Travel Charme Ostseehotel | Zur Seebrücke 1 | 038293/4150 |

### Mallentin

| | | |
|---|---|---|
| Gaststätte Luisenhof | Lübecker Str. 1 | 038824/258 |

### Nakenstorf

| | | |
|---|---|---|
| Seehotel am Neuklostersee | Seestraße 1 | 038422/ 4570 |

### Neubukow

| | | |
|---|---|---|
| Restaurant Akropolis | Am Markt 10 | 038294/15619 |
| Gasthaus »Am Markt« | Am Markt 4 | 038294/16663 |
| Hotel & Restaurant Störtebeker | An der B105 | 038294/7109 |
| Pizzeria Remeo | Keneser Str. 19 | 038294/13216 |
| Windmühle | Mühlentor 8c | 038294/78351 |

### Neu Hinrichsdorf

| | | |
|---|---|---|
| Pension Zum Anker | Haus Nummer 9 | 0381/6863355 |

**Niendorf(bei Rostock)**

      Landgasthof Niendorf . . . . . . . . . . . .Alter Schulweg 26 . . . . . . .0381/4009166

**Oberhof**  Landgut Oberhof . . . . . . . . . . . . . . . .Am Gutshof 1 . . . . . . . . . .038825/22896

**Parkentin**

      Zum Kutscher . . . . . . . . . . . . . . . . . .Rostocker Str. 19 . . . . . . . .038203/12420

**Pepelow**  Feriendorf Pepelow . . . . . . . . . . . . .Sandweg 1 . . . . . . . . . . . .038294/14203

**Prerow**  Ind. Restaurant »K-2« . . . . . . . . . . .Bebelstr. 7 a . . . . . . . . . .038233/709599

      Ristorante Maria Rosa . . . . . . . . . . .Bergstr. 1 . . . . . . . . . . . .038233/70739

      Pension Zum Windflüchter . . . . . . . . .Bergstr. 18 . . . . . . . . . . . . .038233/6120

      Gaststätte »Klönsnack« . . . . . . . . . . .Bergstr. 9 . . . . . . . . . . . .038233/69773

      Waldschlösschen . . . . . . . . . . . . . . .Bernsteinweg 9 . . . . . . . . .038233/6170

      Blockhaus . . . . . . . . . . . . . . . . . . . .Bernsteinweg 10 a . . . . . .038233/69177

      Travel Charme Hotel Bernstein . . . . . .Buchenstr. 42 . . . . . . . . . .038233/64000

      Hotel Haus Linden . . . . . . . . . . . . . .Gemeindeplatz 1a . . . . . . . . .038233/636

      Pension Seeteufel . . . . . . . . . . . . . .Grüne Str. 24 c . . . . . . . . . . .038233/222

      Gaststätte Zur Tankstelle . . . . . . . . . .Hafenstr. 13 . . . . . . . . . . . .038233/324

      Binnen & Buten . . . . . . . . . . . . . . . .Hauptübergang 2a . . . . . . .038233/60188

      Fischrestaurant Seeblick . . . . . . . . . .Hauptübergang z. Strand . . . . .038233/348

      Dünenhaus . . . . . . . . . . . . . . . . . . .Hauptübergang 15 . . . . . . .038233/70477

      Hotel Alter Bahnhof . . . . . . . . . . . . .Kirchenort 1 . . . . . . . . . . . .038233/7070

      Seegasthof Am Hafen . . . . . . . . . . . .Lange Str. 2 . . . . . . . . . . . .038233/328

      Landhaus Lange . . . . . . . . . . . . . . . .Lange Str. 9 . . . . . . . . . . .038233/60153

      Pension & Restaurant »Störtebecker« . .Mühlenstr. 2 . . . . . . . . . . . .038233/7020

      Steinbar . . . . . . . . . . . . . . . . . . . . .Strandstr. 15b . . . . . . . . .038233/703930

      Voß's gute Stube . . . . . . . . . . . . . . .Villenstr. 6 . . . . . . . . . . . .038233/60136

      Fischrestaurant Rennhack . . . . . . . . .Waldstr. 2 . . . . . . . . . . . .038233/60989

      Restaurant Darßer Leuchtturm . . . . . .Waldstr. 5 a . . . . . . . . . . . . .038233/448

      Steakhouse Rancho . . . . . . . . . . . . .Waldstr. 18 . . . . . . . . . . .038233/703857

      Hotel Haus Kranich . . . . . . . . . . . . .Waldstr. 38 . . . . . . . . . . .038233/70350

      Hotel Strandburg . . . . . . . . . . . . . . .Waldstr. 40 . . . . . . . . . . .038233/703310

      Teeschale . . . . . . . . . . . . . . . . . . . .Waldstr. 50 . . . . . . . . . . .038233/60845

**Proseken**  Gasthof Klaus Störtebeker . . . . . . . . .Hauptstr. 4 . . . . . . . . . . .038428/60388

**Redentin**  Landhaus Redentin . . . . . . . . . . . . .Inselstr. 2 . . . . . . . . . . . . .03841/283858

**Reez**    Reezer Jagdstube . . . . . . . . . . . . . . .Mühlendrift 20 . . . . . . . . .038208/80096

**Rerik**    Hotel Haffidyll . . . . . . . . . . . . . . . . . .Haffstr. 13 . . . . . . . . . . . . .038296/70456

Hotel & Rest. Zur Linde . . . . . . . . . . .Leuchtturmstr. 7 . . . . . . . . .038296/79100

Gaststätte Steilküste . . . . . . . . . . . . .Parkweg 10 . . . . . . . . . . . .038296/78386

Hotel »Am Alt Gaarzer Eck« . . . . . . . .Kröpeliner Str. 8 . . . . . . . . .038296/7160

Ostseepension Rerik . . . . . . . . . . . . .Meschendorfer Weg 3 . . . . .038296/70411

Restaurant & Kneipe Weinhold . . . . . .Strandstr. 2 . . . . . . . . . . . .038296/78287

Pension »Kiek in« . . . . . . . . . . . . . . .Verbindungsstr. 3 . . . . . . . .038296/78221

Restaurant »Blüsefeuer« . . . . . . . . . .Wustrower Str. . . . . . . . . . .038296/73912

Restaurant Seeperle . . . . . . . . . . . . .Wustrower Str. 13d . . . . . . .038296/75599

Galerie & Rest. »Bi'n Luchtmaker« . . . .Wustrower Str. 19c . . . . . . .038296/74744

### Rethwisch

Hotel Kaisers Ostseeperle . . . . . . . . .Börgerender Str. 18 . . . . . .038203/736070

Hotel Kiebitz an der Ostsee . . . . . . . .Nienhäger Str. 1 . . . . . . . . . .038203/8600

### Ribnitz-
### Damgarten

Ristorante »Paganini« . . . . . . . . . . . .Am Markt 14 . . . . . . . . . . . .03821/706605

Hafenschenke . . . . . . . . . . . . . . . . . .Am See 1 a . . . . . . . . . . . .03821/894830

Pension Kai . . . . . . . . . . . . . . . . . .Am See 16 . . . . . . . . . . . .03821/811275

Fischrestaurant »Meeresbüfett« . . . . . .Am See 40 . . . . . . . . . . . .03821/390718

Hotel & Gaststätte »Zum Honigdieb« . . .Bäderstr. 6 a . . . . . . . . . . . .03821/706737

Pizzeria Amore Mio . . . . . . . . . . . . . .Bodden Str. 3 . . . . . . . . . . .03821/810736

Anglerheim . . . . . . . . . . . . . . . . . . . .Fritz-Reuter-Str. II b . . . . . . . .03821/2773

Hotel »Perle am Bodden« . . . . . . . . . .Fritz-Reuter-Str. 14-15 . . . . . .03821/2148

Restaurant »Akropolis« . . . . . . . . . . .Gänsestr. 1 . . . . . . . . . . . .03821/390298

Deutsches Haus . . . . . . . . . . . . . . . .Gänsestr. 26 . . . . . . . . . . .03821/894953

Pension Boss . . . . . . . . . . . . . . . . . .Gartenweg 2a . . . . . . . . . . . .03821/87870

Gaststätte Vis a Vis . . . . . . . . . . . . . .Gartenweg 6 . . . . . . . . . . .03821/811611

Restaurant & Pension »Boddenblick« . .Grüne Str. 9 . . . . . . . . . . . .03821/812661

Gasthof & Pension Heidekrug . . . . . . .Heidestraße 5 . . . . . . . . . . .03821/811271

Gaststätte & Pension »Am Bodden« . . .Körkwitzer Weg 21b . . . . . . .03821/813194

Hotel Wilhelmshof . . . . . . . . . . . . . . .Lange Str. 22 . . . . . . . . . . . .03821/2209

Pension Waldschlösschen . . . . . . . . .Marlower Str. 14b . . . . . . . .03821/811316

Gaststätte »Zum Fischland« . . . . . . . .Rostocker Str. 31 . . . . . . . . .03821/810127

Pension Fabricius . . . . . . . . . . . . . . .Strübingsberg 2 . . . . . . . . . . .03821/2155

**Rostock**

| | | |
|---|---|---|
| Hotel & Appartementhaus Fischerhus | Alexandrinenstr. 124 | 0381/548310 |
| Troika | Alte Warnemünder Chaussee 42 | 0381/25271040 |
| Ursprung | Alter Markt 16 | 0381/4591983 |
| Altstädter Stuben | Altschmiedestr. 25 | 0381/4590921 |
| Restaurant La Villa | Am Bahnhof 1b | 0381/5109944 |
| Casa Mia | Am Bahnhof 1c | 0381/2079206 |
| Altstadtrestaurant Amberg 13 | Amberg 13 | 0381/4906262 |
| Bauernhaus Biestow | Am Dorfteich 16 | 0381/4005210 |
| Calamaris | Am Leuchtturm 3 | 0381/5106878 |
| Salsarico | Am Leuchtturm 15 | 0381/5193565 |
| Hotel am Leuchtturm | Am Leuchtturm 16 | 0381/548510 |
| Das Kartoffelhaus | Am Strande 3a | 0381/2523090 |
| Restaurant & Bar SILO 4 | Am Strande 3d | 0381/4585800 |
| Pension u. Gaststätte | Amselweg 4 | 038226/80494 |
| Hotel Belvedere | Am Strom 58 | 0381/519690 |
| Hotel Am Alten Strom | Am Strom 60/61 | 0381/548230 |
| Kettenkasten | Am Strom 71 | 0381/51248 |
| Klön-Klause | Am Strom 89 | 0381/548190 |
| Mamma Mia | Am Strom 101 | 0381/5192831 |
| Der Sealord | Am Strom 109 | 0381/5105808 |
| Gosch | Am Strom 107/108 | 0381/52655 |
| Seehund | Am Strom 110/111 | 0381/51193 |
| Fischerklause | Am Strom 123 | 0381/52516 |
| Mykonos | Am Vögenteich 19 | 0381/453425 |
| Yachthafenresidenz Hohe Düne | Am Yachthafen 1-8 | 0381/50400 |
| Salsarico | Badstüberstr. 5 | 0381/4591491 |
| Jägerhütte | Am Tannenweg 20 | 0381/4001552 |
| Jellyfish Hostel | Beginenberg 25 | 0381/4443858 |
| La Fontana | Bei der Marienkirche 24 | 0381/4996108 |
| Landhotel zum Rittmeister | Biestower Damm 1 | 0381/6667330 |
| Block House | Breite Str. 16 | 0381/453330 |
| Hotel Garni Am Hopfenmarkt | Buchbinderstraße 10 | 0381/4583443 |
| Zum Greif | Budapester Str. 57 | 0381/25019 |
| Pension Am Doberaner Platz | Doberaner Str 158 | 0381/492830 |
| Gasthof & Pension Waldblick | Dorfstr. 5 | 0381/669942 |
| Strandnest | Dünenweg 4 | 0381/2060950 |
| Dünenhotel | Dünenweg 28 | 0381/20660 |
| Restaurant Stilbruch | Eselföter Str. 27 | 0381/452822 |
| Hemingway | Faule Str. 13 | 0381/4922961 |

Fritz-Reuter-Stuben . . . . . . . . . . . . . .Fritz-Reuter-Str. 17 . . . . . . . .0381/2003888

Hotel & Rest. elbotel . . . . . . . . . . . .Fritz-Triddelfitz-Weg 2 . . . . . . .0381/80880

Appartement Hotel Rostock . . . . . . . .Goethestr. 12-13 . . . . . . . . .0381/3141878

Hotel »Krahnstöver« und

Restaurant »Le Cosy« . . . . . . . . . . . .Große-Wasserstraße 30 . . . .0381/4901000

Aparthotel Landhaus Immenbarg . . . . .Groß-Kleiner-Weg 19 . . . . . . .0381/776930

Likörfabrik . . . . . . . . . . . . . . . . . . . .Grubenstaße 1 . . . . . . . . . .0381/3777654

Kartoffelstube . . . . . . . . . . . . . . . . .Grubenstr. 47 . . . . . . . . . . . .0381/445544

Hotel Landhaus Dierkow . . . . . . . . . .Gutenbergstr. 5 . . . . . . . . . . .0381/65800

Petrikeller . . . . . . . . . . . . . . . . . . . .Harte Str. 27 . . . . . . . . . . . .0381/455855

Park-Hotel Hübner . . . . . . . . . . . . . .Heinrich-Heine-Straße 31 . . . .0381/54340

InterCityHotel . . . . . . . . . . . . . . . . .Herweghstr. 51 . . . . . . . . . . . .0381/49500

Hotel Brinckmansdorf . . . . . . . . . . . .Katt-un-Mus-Weg 1 . . . . . . . .0381/659090

Restaurant Hermes . . . . . . . . . . . . . .Kopernikusstr. 17 . . . . . . . . .0381/4934983

City Pension . . . . . . . . . . . . . . . . . .Krönkenhagen 3 . . . . . . . . . .0381/252260

Kurpark Hotel Warnemünde . . . . . . . .Kurhausstr. 4 . . . . . . . . . . .0381/4402990

Restaurant Old Western . . . . . . . . . . .Lange Str. 23 . . . . . . . . . . .0381/4995252

Radisson SAS Hotel . . . . . . . . . . . . . .Lange Str. 40 . . . . . . . . . . . .0381/37500

Café Central . . . . . . . . . . . . . . . . . .Leonhardstr. 22 . . . . . . . . . .0381/4904648

Zum Holländer . . . . . . . . . . . . . . . . .Ludwig-Feuerbach-Weg 15 a .0381/681879

Hotel Zum Strand . . . . . . . . . . . . . . .Luisenstr. 3-4 . . . . . . . . . . . .0381/54333

Strandstübchen . . . . . . . . . . . . . . . .Luisenstr. 8 . . . . . . . . . . . . . .0381/52829

Chezann . . . . . . . . . . . . . . . . . . . . .Mühlenstr. 28 . . . . . . . . . . .0381/5107177

Ratskeller . . . . . . . . . . . . . . . . . . . .Neuer Markt 1 . . . . . . . . . .0381/5108460

Steigenberger Hotel Sonne . . . . . . . .Neuer Markt 2 . . . . . . . . . . .0381/49730

Restaurant Vapiano . . . . . . . . . . . . . .Neuer Markt 9 . . . . . . . . .0381/37577930

Burgwitz Legendär . . . . . . . . . . . . . .Neuer Markt 16 . . . . . . . . .0381/37566733

ALEX . . . . . . . . . . . . . . . . . . . . . . .Neuer Markt 17 . . . . . . . . . .0381/203760

Atrium Hotel Krüger . . . . . . . . . . . . . .Ostsee-Park-Str. 2 . . . . . . . .0381/1288200

Best Western Hanse Hotel . . . . . . . . .Parkstr. 51 . . . . . . . . . . . . . . .0381/5450

Hotel Citymaxx . . . . . . . . . . . . . . . . .Petridamm 1 a . . . . . . . . . .0381/6665570

Hotel Garni Asia Palast . . . . . . . . . . .Poststr. 2 . . . . . . . . . . . . . . .0381/519590

Bombay Haus . . . . . . . . . . . . . . . . .Richard-Wagner-Str. 6a . . . .0381/4909850

Strandhotel Schillerstraße . . . . . . . . .Schillerstr. 14 . . . . . . . . . . .0381/76011576

Am Windspiel . . . . . . . . . . . . . . . . .Schnickmannstr. 7 . . . . . . .0381/4934961

Penta Hotel . . . . . . . . . . . . . . . . . . .Schwaansche Str. 6 . . . . . . . .0381/49700

Teepott . . . . . . . . . . . . . . . . . . . . . .Seepromenade 1 . . . . . . . .0381/5484588

Restaurant Hellas . . . . . . . . . . . . . . .Seepromenade 1 . . . . . . . .0381/5107440

Residenz Strandhotel . . . . . . . . . . . .Seestr. 6 . . . . . . . . . . . . . . .0381/548060

Hotel Bellevue . . . . . . . . . . . . . . . . .Seestr. 8 . . . . . . . . . . . . . . . .0381/54333

| | | |
|---|---|---|
| Strandhotel Hübner | Seestr. 12 | 0381/54340 |
| Kurhaus Warnemünde | Seestr. 18 | 0381/548440 |
| Hotel Neptun | Seestr. 19 | 0381/7770 |
| Hafenrestaurant Borwin | Stadthafen | 0381/4907525 |
| Hotel »Die kleine Sonne« | Steinstr. 7 | 0381/46120 |
| Ring Hotel Warnemünder Hof | Stolteraer Weg 8 | 0381/54300 |
| Landhotel Ostseetraum | Stolteraer Weg 34b | 0381/5191848 |
| Hotel Ostseeland | Stolteraer Weg 47 | 0381/548320 |
| Zum Alten Hafen | Strandstr. 24 | 0381/4934226 |
| Goldener Anker | Strandstr. 35 | 0381/4922624 |
| Hotel Altes Hafenhaus | Strandstr. 93 | 0381/4930110 |
| Hotel Sanddorn | Strandweg 12 | 0381/543990 |
| Parkhotel Seeblick | Strandweg 12 a-14 | 0381/519550 |
| Hotel Stolteraa | Strandweg 17 | 0381/54320 |
| Pension & Gasthof Waldblick | Stuthof 5 | 0381/669942 |
| TRIHOTEL am Schweizer Wald | Tessiner Str. 103 | 0381/65970 |
| Brauhaus Trotzenburg | Tiergartenallee 6 | 0381/203600 |
| Don Camillo | Ulmenstraße 51 | 0381/1216640 |
| Hotel Wilhelmshöhe | Waldweg 1 | 0381/548280 |
| Heideperle | Waldweg 5 | 0381/20640 |
| Hotel & Rest. Markgraf | Warnemünder Str. 1 | 0381/669988 |
| Hotel Godewind | Warnemünder Str. 5 | 0381/609570 |
| Restaurant »CarLo 615« | Warnowufer 61 | 0381/7788099 |
| Hotel ibis Rostock | Warnowufer 42/43 | 0381/242210 |
| La Dolce Vita | Warnowufer 60 | 0381/3750672 |
| Braugasthaus Zum alten Fritz | Warnowufer 65 | 0381/208780 |
| Hotel Heidehof | Warnemünder Str. 11 | 0381/609380 |
| heat Steakhouse | Wismarsche Str. 58 | 0381/4443682 |
| Hotel Verdi | Wollenweberstr. 28 | 0381/252240 |

| | | | |
|---|---|---|---|
| **Rüggow** | Landhaus Streeck | An der B 105 | 03841/282200 |
| **Russow** | Gaststätte »Bauernstube« | Hauptstr. 4 | 038294/9167 |
| **Saal** | Daddeldu | Lange Str. 20 | 038223/248 |
| **Sanitz** | Hotel-Pension Gutshaus Neu Wendorf | Neu Wendorf | 038209/340 |
| | Bistro und Pension Wolff | Rostocker Str. 6a | 038209/81999 |
| | Pension Anni | Rostocker Str. 13 | 038209/81877 |

|  | Restaurant Mecklenburg | Rostocker Str. 15 | 038209/332 |
| **Satow** | Hotel Weide | Hauptstr. 52 | 038295/750 |
|  | Seeblick | Parkstr. 5 | 038295/78266 |

**Schlemmin**

Park Hotel Schloss Schlemmin . . . . . . . Am Schloss 2 . . . . . . . . . . . . . 038225/5160

**Schönberg**

Zur Bauernstube . . . . . . . . . . . . . . . . . . . . . . . . . . . . . . . . . . . . . . 038828/21624

**Schwaan** Steakhouse River Saloon . . . . . . . . . . Güstrower Str. 78 b . . . . . . .03844/891414

Hotel-Pension Deutsches Haus . . . . . . Mühlenstr. 1 . . . . . . . . . . . . .03844/810145

**Selmsdorf**

Tannenkrug . . . . . . . . . . . . . . . . . . Lübecker Str. 16 . . . . . . . . . 038823/21314

Gaststätte Bei Detlef . . . . . . . . . . . . . Lübecker Str. 35 . . . . . . . . . 038823/54803

**Sievershagen**

Hotel & Restaurant »Ziegenkrug« . . . . .Rostocker Str. 22 . . . . . . . . . . .0381/77040

**Steffenshagen**

Hotel-Gasthof Kuras . . . . . . . . . . . . . .Dorfstr. 16 . . . . . . . . . . . . . . .038203/5930

**Stellshagen**

Hotel Gutshaus Stellshagen . . . . . . . .Lindenstr. 1 . . . . . . . . . . . . . .038825/440

**Stuthof** Traditionsgasthof Schnatermann . . . . .Schnatermann 1 . . . . . . . . .0381/669933

**Tarnewitz**

Hotelanlage »Tarnewitzer Hof« . . . . . . .Dorfstr. 15 . . . . . . . . . . . . .038825/29841

Dorfkrug Zum Klausner . . . . . . . . . . . .Dorfstr. 18 . . . . . . . . . . . . .038825/29852

Fischrestaurant Blinkfüer . . . . . . . . . .Ostseeallee 64 . . . . . . . . . .038825/22114

Hotel Pension Kühne . . . . . . . . . . . .Ostseeallee 92a . . . . . . . . .038825/37080

Radlerhotel Tarnewitzer Hof . . . . . . . .Schwarzer Weg 25 . . . . . . .038825/38930

**Tessin** Gaststätte »Zum Bahnhof« . . . . . . . . .Am Bahnhof . . . . . . . . . . . .038205/13379

Restaurant Asia-Haus . . . . . . . . . . . . .Kirchenstr. 10 . . . . . . . . . .038205/78509

Pension Tessin . . . . . . . . . . . . . . . . .Rostocker Chaussee 20 . . . . .038205/7020

Gaststätte »Zum Schützen« . . . . . . . .St-Jürgen-Str. 59 . . . . . . . .038205/13610

**Thelkow**  Gaststätte »Kiek in« . . . . . . . . . . . . . .Am Sportplatz 9  . . . . . . . .038205/79169

**Trinwillershagen**

Gaststätte Zu den Linden . . . . . . . . . .Hof 1 . . . . . . . . . . . . . . . . . . . .038225/227

**Wieck**  Hotel Haferland . . . . . . . . . . . . . . . . .Bauernreihe 5a . . . . . . . . . . . .038233/680

Gasthaus Nordkate . . . . . . . . . . . . . .Nordkaten 1a . . . . . . . . . . . .038233/69767

Rest. & Pension »Achtern Wieck« . . . . .Nordseite 26  . . . . . . . .038233/70681

**Wischuer**

Hotel Gendarm Ostseeresidenz  . . . . .Hauptstr. 5 . . . . . . . . . . . . . .038294/7000

Landgasthof »Am Waldrand«  . . . . . . .Hauptstr. 15 . . . . . . . . . . . .038294/79218

**Wismar**  Hafen-Restaurant Gottfried  . . . . . . .Am Hafen 6 . . . . . . . . . . . . .03841/285104

Ihlefeld – Pier 10  Restaurant  . . . . . .Am Lohberg 10  . . . . . . . . .03841/252252

Schwedenwache . . . . . . . . . . . . . . . .Am Markt 9 . . . . . . . . . . .03841/2273370

Phönix Hotel Reuterhaus . . . . . . . . . .Am Markt 19  . . . . . . . . . . .03841/22230

Restaurant Seestern . . . . . . . . . . . . .Am Markt 19 . . . . . . . . . . .03841/283588

Alter Schwede  . . . . . . . . . . . . . . . .Am Markt 22 . . . . . . . . . . .03841/283552

Steigenberger Hotel Stadt Hamburg . . .Am Markt 24   . . . . . . . . . . . .03841/2390

Antik & Trödel Restaurant

Zum Weißen Stein . . . . . . . . . . . . . . .Am Weißen Stein 1a . . . . . .03841/288563

Kaminstube  . . . . . . . . . . . . . . . . .Bademutterstr. 19  . . . . . . .03841/228830

Hotel Bertramshof . . . . . . . . . . . . . . .Bertramsweg 2  . . . . . . . . .03841/707220

City Partner Hotel Alter Speicher  . . . .Bohrstraße 12+12a . . . . . . .03841/211746

Gasthaus Lübsche Thorweide  . . . . . .Bü.-Haupt-Str. 46 . . . . . . . .03841/703146

Dat Schnitzelhus . . . . . . . . . . . . . . . .Claus-Jesup-Str. 50 . . . . . .03841/202922

Altstadtpension Wismar . . . . . . . . . . .Dahlmannstr. 4 . . . . . . . . . .03841/228939

Die Scheune . . . . . . . . . . . . . . . . . . .Dammhusener Hof 1  . . . . .03841/732217

Phönix Hotel Seeblick  . . . . . . . . . . .Ernst-Scheel-Str. 27 . . . . . . .03841/62740

Fischerklause am alten Hafen  . . . . . .Fischerreihe 4  . . . . . . . . . .03841/252850

Restaurant Kroatien . . . . . . . . . . . . . .Frische Grube 31 . . . . . . . .03841/3033190

Garage . . . . . . . . . . . . . . . . . . . . . . .Gerberstr. 9b  . . . . . . . . . .03841/213538

Brauhaus Am Lohberg . . . . . . . . . . . .Kleine Hohe Str. 15 . . . . . . .03841/250238

Theatergaststätte  . . . . . . . . . . . . . .Kleinschmiedestr. 14  . . . . .03841/283350

Kulinar . . . . . . . . . . . . . . . . . . . . . . .Lübsche Str. 9 . . . . . . . . . .03841/636437

Der Schlauch . . . . . . . . . . . . . . . . . .Lübsche Str. 18 . . . . . . . . .03841/282960

Restaurant Syrtaki . . . . . . . . . . . . . . .Lübsche Str. 22 . . . . . . . . .03841/702330

Pension 1554 . . . . . . . . . . . . . . . . . .Lübsche Str. 37 . . . . . . . .03841/2232477

»Akropolis« Griechisches Restaurant  . .Lübsche Str. 104 . . . . . . . .03841/201792

China Restaurant »Panda Palast«  . . . .Lübsche Str. 146 . . . . . . . .03841/732987

| | | | |
|---|---|---|---|
| | Gaststätte Westphal | Neustadt 32 | 03841/211382 |
| | Pension Am Haffeld | Poeler Straße 138 | 03841/328989 |
| | Gaststätte Zur Linde | R.-Breitscheid-Str.26-28 | 03841/632077 |
| | Kiek In | R.-Breitscheid-Str. 88b | 03841/641555 |
| | Hotel New Orleans | Runde Grube 3 | 03841/26860 |
| | Fischrestaurant Seeperle | Schiffbauerdamm 3 | 03841/285104 |
| | Hotel Willert | Schweriner Str. 9 | 0177/2729813 |
| Hotel Schwedenhaus | | Sella-Hasse-Str. 11 | 03841/3274103 |
| | Hotel Am Alten Hafen | Spiegelberg 61 | 03841/4260 |
| | Pension Am Wassertor & Hafenrestaurant | Spiegelberg 66 | 03841/ 200221 |
| | Hotel Reingard | Weberstr. 18 | 03841/284972 |
| | Restaurant »To'n Zägenkrog« | Ziegenmarkt 10 | |

**Wittenbeck**

| | | | |
|---|---|---|---|
| | Landhotel Wittenbeck | Straße zur Kühlung 21a | 038293/89230 |

**Wohlenberg**

| | | | |
|---|---|---|---|
| | Feriendorf Landh. Wohlenberg | An der Chaussee 5 | 038825/410 |

| | | | |
|---|---|---|---|
| **Wustrow** | Kapitänshaus »Am Unterfeuer« | Am Fischländer Hafen | 038220/80980 |
| | Ostseehotel Wustrow | Fischländer Weg 35 | 038220/6250 |
| | Hotel Deutsches Haus | Hafenstr. 5 | 038220/6970 |
| | Eiscafé »Alfredo« | Ernst-Thälmann-Str. 21 | 038220/669978 |
| | Restaurant & Pension Schifferwiege | Karl-Marx-Str. 30 | 038220/80336 |
| | Hotelschiff »Stinne« | Kuhleger 13 | 038220/336 |
| | Ristorante »Alfredo« | Lindenstr. 22 | 038220/80967 |
| | Landhaus Schlunt | Osterstr. 30 | 038220/80515 |
| | Restaurant Fischschuppen | Osterstr. 30 | 038220/80515 |
| | Schimmels Pension & Café | Parkstr. 1 | 038220/66500 |
| | Hotel & Restaurant Sonnenhof | Strandstr. 33 | 038220/6190 |
| | Dorint Strandhotel | Strandstr. 46 | 038220/650 |
| | Hotel-Restaurant Moby Dick | Strandstr. 54 | 038220/6680 |
| | Strandrestaurant Swantewit | Strandst. 56 | 038220/82550 |
| | Café Windflüchter | Strandstr. 4a | 038220/66664 |

| | | | |
|---|---|---|---|
| **Zierow** | Hotel & Reitschule Elsholz | Strandstr. 3 | 03841/642359 |

| | | | |
|---|---|---|---|
| **Zingst** | Zingster Scheune | Am Fischmarkt 1 a | 038232/17930 |
| | Restaurant Goldener Hirsch | Barther Str. 1a | 038232/89420 |

| | | |
|---|---|---|
| Hotel Am Strand | Birkenstr. 21 | 038232/15600 |
| De olle Zingster | Boddenhörn 1-3 | 038232/15406 |
| Hotel Vier Jahreszeiten | Boddenweg 2 | 038232/1740 |
| Klabautermann | Fischmarkt | 038232/15501 |
| Seepferdchen | Friedensstr. 10 a | 038232/15588 |
| China Town | Fritz-Reuter-Str. 2 | 038232/17958 |
| Hotel & Restaurant Boddenhus | Hafenstr. 9 | 038232/15713 |
| Griechisches Restaurant Metaxa | Hafenstr. 7 | 038232/84770 |
| Zingster Kaffeepott | Hafenstr. 20 | 038232/1620 |
| Sealords | Hafenstr. 21 | 038232/16492 |
| Zum Anker | Hafenstr. 27 | 038232/15509 |
| Hotel Stone | Inselweg 1-2 | 038232/1670 |
| Steakhaus Düne 6 | Inselweg 9 | 038232/17617 |
| Strandkate | Klosterstr. 8 | 038232/15259 |
| Gasthaus Kranichrast | Kranichrast 2 | 038232/12270 |
| Schlößchen Sundische Wiese | Landstr. 19 | 038232/8180 |
| Der Weinladen | Lindenstr. 9 | 038232/89557 |
| Strandhütte | Müggenburger Weg 7 | 038232/84258 |
| Waldhaus | Schwalbenweg 13 | 038232/16069 |
| Hotel Meeresrauschen | Seestr. 51 | 038232/1301 |
| Hotel-Appartment Seebrücke | Seestr. 53 | 038232/840 |
| Steigenberger Aparthotel Zingst | Seestr. 54 | 038232/850 |
| Kurhausrestaurant | Seestr. 56 | 038232/81576 |
| Steigenberger Strandhotel Zingst | Seestr. 60 | 038232/842100 |
| Wellnesshotel Meerlust | Seestr. 72 | 038232/8850 |
| Restaurant vis-A-vis | Seestr. 76 | 038232/84738 |
| Pension und Restaurant Am Deich | Seestr. 79 | 038232/1437 |
| Zingster Ostseeklause | Seestr. 81 | 038232/15243 |
| Restaurant Störtebeker | Störtebekerstr. 7 | 038232/16959 |
| Zingster Stuben | Strandstr. 25a | 038232/80202 |
| Fischerklause | Strandstr. 35 | 038232/15205 |
| Pension und Restaurant Skipper | Strandstr. 53 | 038232/15680 |
| La Trattoria | Strandstr. 24b | 038232/80686 |
| Hotel Restaurant Marks | Weidenstr. 17 | 038232/16140 |
| Zum Wikinger | Werftstr. 6 | 038232/17959 |
| Königlich-Preußisches Proviantamt | Zur Heide 2 | 038232/80169 |

**DEHOGA** MECKLENBURG-VORPOMMERN  Wir danken dem DEHOGA Mecklenburg-Vorpommern e.V. für die Unterstützung bei Erarbeitung und Vertrieb dieses Hotel- und Restaurantführers.

Herausgeber: KLATSCHMOHN Verlag, Druck + Werbung GmbH & Co. KG
Am Campus 25 · 18182 Bentwisch/Rostock
Tel. 0381/2066811 · Fax 2066812
info@klatschmohn.de · www.klatschmohn.de

Texte:
Nicole Höra, mit freundlicher Unterstützung von:
- Tourismusverband Mecklenburgische Ostseebäder e.V.
- Tourismusverband Fischland-Darß-Zingst e.V.
- Amt »Klützer Winkel«
- Tourismuszentrale Wismar
- Kurverwaltung Ostseebad Boltenhagen
- Tourist-Information und Zimmervermittlung Bad Doberan
- Tourist-Information Stadtzentrum Rostock
- Stadtinformation Ribnitz-Damgarten
- Touristik-Service Kühlungsborn GmbH
- Tourismus und Kur GmbH Graal-Müritz
- Kurverwaltung Ostseebad Dierhagen
- Kurverwaltung Ostseebad Wustrow
- Kurverwaltung Ostseebad Ahrenshoop
- Kur- und Tourismus GmbH Zingst

Fotos:
S.5, 19, 21, 22, 23, 24, 78, 80, 81, 85, 86, 87, 89, 91, 96, 100, 107, 108, 109, 110, 111 Tourismusverband Fischland-Darß-Zingst e.V.
S.6, 7, 8, 10, 11, 12, 13, 14, 15, 16, 17, 20, 29, 32, 33, 40, 46, 47, 54, 55, 56, 74, 75, 77 Tourismusverband Mecklenburgische Ostseebäder e.V.
S. 35 Kurverwaltung Ostseebad Boltenhagen
S.58, 63, 64, 96 Angelika Heim
S.70 Stadtinformation Ribnitz-Damgarten

Titelbilder: Steilufer Ahrenshoop, Zeesboote, Weinstimmung
Tourismusverband Fischland-Darß-Zingst e.V.

ISBN: 978-3-933574-65-7
Ausgabe 2012

Wir bedanken uns für die Zusammenarbeit mit den Tourismusinformationen und Kurverwaltungen sowie allen Touristikern der Regionen Mecklenburgische Ostseeküste sowie Fischland-Darß-Zingst.